"科创之光"书系(第一辑)

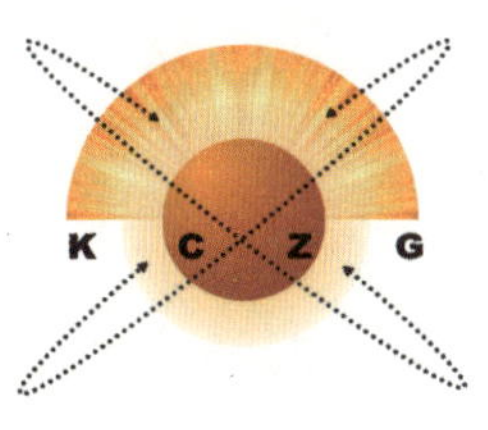

互联网+
网络定义生活

上海科学院　上海产业技术研究院 组编
宗宇伟　张绍华　宋俊典 主编

上 海 科 学 普 及 出 版 社

图书在版编目(CIP)数据

互联网+：网络定义生活 / 宗宇伟，张绍华，宋俊典主编. —上海：上海科学普及出版社，2018.1（2023.2 重印）
（科创之光书系. 第一辑 / 上海科学院，上海产业技术研究院组编）
ISBN 978-7-5427-7011-0

Ⅰ. ①互… Ⅱ. ①宗… ②张… ③宋… Ⅲ. ①网络经济-研究 Ⅳ. ①F49

中国版本图书馆CIP数据核字（2017）第189347号

书系策划　张建德
责任编辑　张吉容
美术编辑　赵　斌
技术编辑　葛乃文

"科创之光"书系（第一辑）
互联网+
——网络定义生活

上海科学院　上海产业技术研究院　组编
宗宇伟　张绍华　宋俊典　主编
上海科学普及出版社出版发行
（上海中山北路832号　邮政编码200070）
http：//www.pspsh.com

各地新华书店经销　　上海商务联西印刷有限公司印刷
开本 787×1092　1/16　　印张 11.25　　字数 155 000
2018年1月第1版　　2023年2月第4次印刷

ISBN 978-7-5427-7011-0　定价：49.40元

《“科创之光”书系（第一辑）》编委会

本书编委会

主　　编：宗宇伟　张绍华　宋俊典

副 主 编：陆雯珺　徐巧云　蒋丽雯

编　　委（按姓氏笔画为序）：

王　凌　纪婷婷　李　超　杨　琳
宋俊典　张绍华　陆奇峰　陆雯珺
陈　美　周希阳　宗宇伟　徐巧云
徐承宇　高洪美　蒋丽雯　戴炳荣

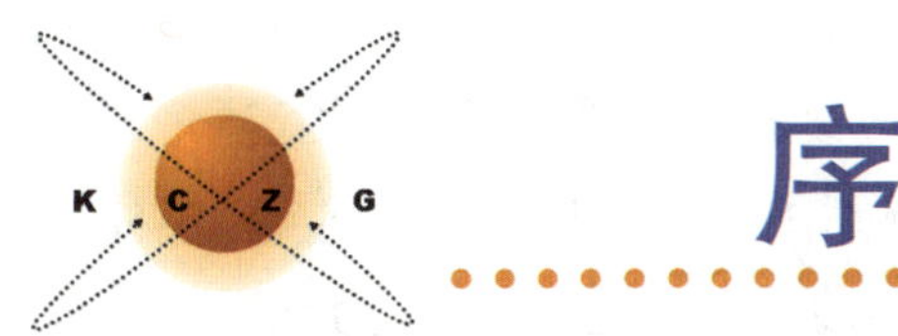

序

“苟日新，日日新，又日新。”这一简洁隽永的古语，展现了中华民族创新思想的源泉和精髓，揭示了中华民族不断追求创新的精神内涵，历久弥新。

站在21世纪新起点上的上海，肩负着深化改革、攻坚克难、不断推进社会主义现代化国际大都市建设的历史重任，承担着“加快向具有全球影响力的科技创新中心进军”的艰巨任务，比任何时候都需要创新尤其是科技创新的支撑。上海“十三五”规划纲要提出，到2020年，基本形成符合创新规律的制度环境，基本形成科技创新中心的支撑体系，基本形成“大众创业、万众创新”的发展格局。从而让“海纳百川、追求卓越、开明睿智、大气谦和”的城市精神得到全面弘扬；让尊重知识、崇尚科学、勇于创新的社会风尚进一步发扬光大。

2016年5月30日，习近平总书记在“科技三会”上的讲话指出：“科技创新、科学普及是实现创新发展的两翼，要把科学普及放在与科技创新同等重要的位置。没有全民科学素质普遍提高，就难以建立起宏大的高素质创新大军，难以实现科技成果快速转化。”习近平总书记的重要讲话精神对于推动我国科学普及事业的发展，意义十分重大。培养大众的创新意识，让科技创新的理念根植人心，普遍提高公众的科学素养，特别是培养和提高青少年科学素养，尤为重要。当前，科学技术发展日新月异，业已渗透到经济社会发展的各个领域，成为引领经济社会发展的强大引擎。同时，它又与人们的生活息息相关，极大地影响和改变着我们的生活和工作方式，体现出强烈的时代性特征。传播普及科学思想和最新科技成果是我们每一个科技人义不容辞的责任。《“科创之光”书系》的创意由此而萌发。

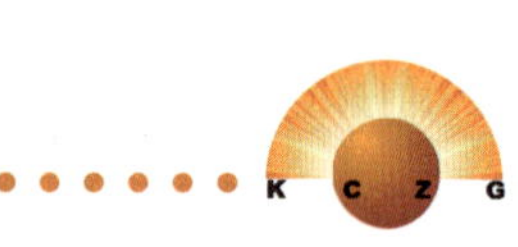

《“科创之光”书系》由上海科学院、上海产业技术研究院组织相关领域的专家学者组成作者队伍编写而成。本书系选取具有中国乃至国际最新和热点的科技项目与最新研究成果，以国际科技发展的视野，阐述相关技术、学科或项目的历史起源、发展现状和未来展望。书系注重科技前瞻性，文字内容突出科普性，以图文并茂的形式将深奥的最新科技创新成果浅显易懂地介绍给广大读者特别是青少年，引导和培养他们爱科学和探索科技新知识的兴趣，彰显科技创新给人类带来的福祉，为所有愿意探究、立志创新的读者提供有益的帮助。

愿“科创之光”照亮每一个热爱科学的人，砥砺他们奋勇攀登科学的高峰！

上海科学院院长、上海产业技术研究院院长

纽晓鸣

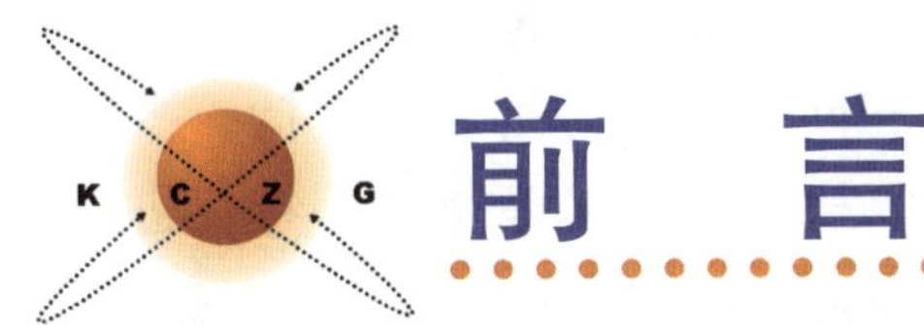

前 言

互联网是20世纪最伟大的发明之一，为人类社会和经济发展带来新的动力，给人们生活带来巨大变化，从衣食住行到国家科技创新，互联网无处不在。移动通信、云计算、大数据、人工智能等新兴技术的发展和创新应用，有效解决了互联网的价值创造、相互信任、智能智慧、更快更安全等问题，引发了新一轮技术创新和产业变革的浪潮。

本书从互联网的发展历史谈起，深入浅出地探讨了互联网技术原理和框架、新技术应用和创新发展。从时间维度探讨互联网对校园生活、工作生活和养老生活的影响和促进；从空间维度分析互联网为衣食住行、休闲生活、文化生活、金融生活和公共服务等带来的便捷。最后提出如何通过积极引导，解决互联网所带来的负面问题，共建自由互联、美好的未来互联网世界。

本书在写作思路上，聚焦网络定义生活的焦点，通过案例解读和分享，分析技术点、展示应用点、挖掘创新点，全面展示了在当前的互联网时代，网络是如何重新定义生活方式、工作模式和产业生态，让读者带着问题和我们一起思考互联网所带来的机遇和挑战。本书在内容组织方面，结合互联网的创新和应用，记录“互联网＋工作生活”的方方面面，以及创新应用实践过程中的思考。

本书的编著得到了上海科学院和上海产业技术研究院领导和同事的大力指导与支持，本书的关键内容主要来源于上海计算机软件技术开发中心在促进产业、服务企业、支撑创业中的最佳实践。

本书共分五章。全书由宗宇伟、张绍华、宋俊典统筹撰写，陆雯珺、徐巧云、蒋丽雯参与大量资料的收集和编写工作，李超、高洪美、陈美、戴炳荣、纪婷婷、周希阳、王凌、徐承宇等也在本书的编著过程中做出了贡献，上海科学院的王伟琪在本书的编写过程中提出了宝贵的意见，在此一并表示感谢！

作为一个高速发展、不断优化的领域和方向，互联网的发展日新月异，尽管作者团队全部工作在一线，难免也会有所疏漏，欢迎读者批评指正。

编者

2017 年 8 月

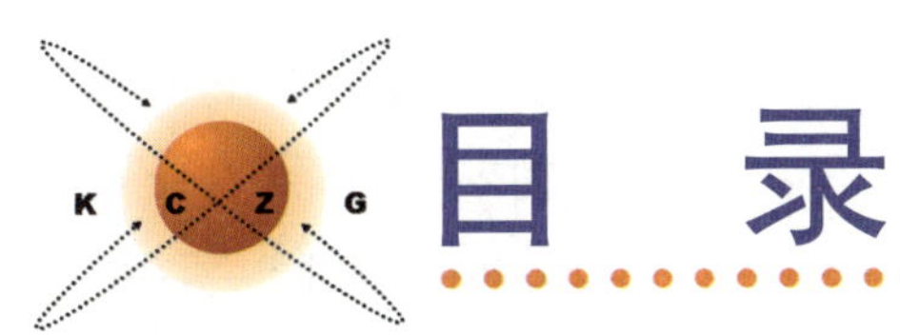

目 录

无处不在的互联网

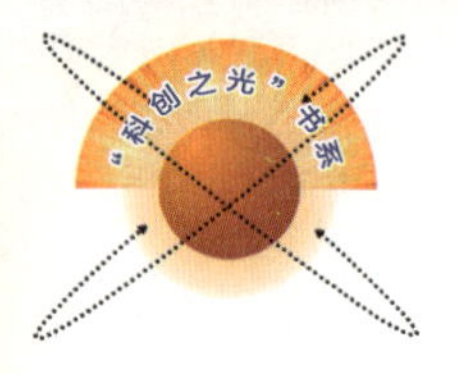

互联网作为20世纪最伟大的发明之一，给人类发展带来新机遇，给社会发展带来新课题，也给国际治理带来新挑战，同时给人们的生活带来巨大变化，从老百姓衣食住行到国家重要基础设施，互联网无处不在。

无处不在的互联网

了解互联网

谁发明了互联网？互联网背后的技术？互联网刚刚走进中国的样子？中国从互联网“菜鸟”发展到如今世界公认的网络大国，究竟经历过什么？

互联网起源于军事

计算机源于第二次世界大战时期，而网络则是不折不扣的冷战产物。在互联网最初的发展阶段，世界顶级的计算机天才们聚集到一起，提出了先进的思想和理论并得以传播和实践，启动了通往互联网世界的引擎。如今，渗透到世界每一个角落的互联网，走过了一条从军事用途到科研教育，再到向公众开放的发展道路。互联网的出现，让普通人的兴趣与卓越和辉煌之间，再也没有沟壑和围墙。互联网的缔造者，通过将互联网技术应用到社会的方方面面，修筑了通往天下的万千路径……

从美苏冷战谈起　在美苏冷战期间，双方的军备竞赛不断升级，而苏联在 1957 年率先将世界上第一颗人造卫星成功送入轨道的举动，使得当时的美国政府如坐针毡。当时人们普遍认为，能否保持科学技术上的领先地位是决定战争胜负的关键。为了防止其他国家再次“技术突袭”对美国国家安全造成危害，美国政府在世界第一颗人造卫星入轨 3 个月后建立了国防部高级研究计划署（Defense Advanced Research Project Agency, DARPA），该机构与其他军事研发机构有所不同，它直接向美国国防部高层负责，以研究具有前瞻性的先进科技为目标，为美国国家安全问题提供高新技术储备。1968 年，美国国防部高级研究计划署建立了世界上第一个计算机网络，它是全球互联网的始祖，简称“阿帕网”Advanced Research Projects Agency Network, ARPANET）。

美国国防部高级研究计划署在成立仅仅 5 天后，就获得国会批准的 520 万美元筹备金，以及 2 亿美元的项目总预算，这相当于当年中国外汇储备的 3 倍。为美国国防部高级研究计划署工作的科研人员都是从学术界和产业界“借调”而来的精英骨干，他们可以在各自的实验室里自由研发感兴趣的项目，而不必以满足军方的现实需求为目标。正是在这样一

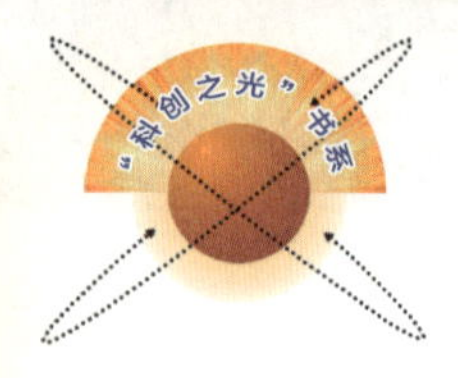

美苏冷战的产物

个国家财政支持、扁平化管理的创新组织下，网罗了每一个人的互联网萌芽。

计算机天才构建“天网” 全美顶尖的电脑专家聚集在阿帕网周围，这些人大多分布在高校院所，以及一些科技公司，当时阿帕网信息处理技术办公室第三任处长鲍勃·泰勒如果想与电脑专家交流信息，必须通过他办公室那3台分别连接着麻省理工学院、加州大学伯克利分校和圣莫尼卡市主机的电脑终端。让泰勒头痛的是，这3台“活宝”型号不同、操作系统不同，他每次必须按照3套不同的上机步骤、键入一连串不同的指令才能与手下这些专家们进行交流。如果遇到紧急情况，会让他措手不及。

一直被终端问题困扰的泰勒，开始考虑将这些独孤的计算机实现互联：一来可以解决相互交流的问题，二来能够减少电脑资源的浪费，为此他成功申请到100万美元经费来实施这项“天网计划”。泰勒沙里淘金、三顾茅庐地召唤来一大批富有创新力的计算机天才，共同编织世界上第一个计算机远距离封包交换网络——阿帕网，启动了全球互联网的引擎。

1969年，阿帕网首先在美国的4所高校（加利福尼亚大学洛杉矶分校、加利福尼亚大学圣巴巴拉分校、斯坦福大学以及位于盐湖城的犹他州州立大学）进行试验，它将美国国防部和为政府进行军事研究的人连接起来，使他们足不出户就能实现彼此之间的信息交流。1970年，已具雏形的阿帕网开始向非军用部门开放，自此之后，随着越来越多大学、研究所、公司主机的接入，阿帕网的规模开始逐步扩张。1973年，阿帕网利用卫星技术跨越大西洋与英国、挪威实现连接，扩展到了世界范围。

在编织“天网”的过程中，以阿帕网项目负责人拉里·罗伯茨为代表的一大批计算机天才，包括保罗巴兰——提出分布式通信系统理论、温顿·瑟夫和罗伯特·卡恩——起草TCP/IP协议、伦纳德·克兰罗克——提出信息包交换理论……他们是网络技术的缔造者、互联网时代的开启者，引领人类进入全新的互联网世界，他们被誉为“互联网之父”。

小贴士

阿帕网的产生并非一蹴而就。在它的背后有3位有铺垫性贡献的重要人物值得一提：一位是军人出身的时任美国总统艾森豪威尔，一位是颇有建树的心理学教授尼尔·迈克尔罗伊，还有一位是推销员出身的美国国防部长约瑟夫·利克莱德。可以说，没有他们就没有阿帕网，他们对阿帕网的影响也让我们看到了美国政府对科技创新的推动和引领作用。

1983年1月1日，美国国防部正式将TCP/IP协议确定为阿帕网的标准网络协议。此后，大量的网络、主机和用户如跑步般连入阿帕网，使得阿帕网得以迅速发展。这份人类史上涉及面最广的文件被阿帕网各站点统一采用，推动了全球互联网的真正诞生！

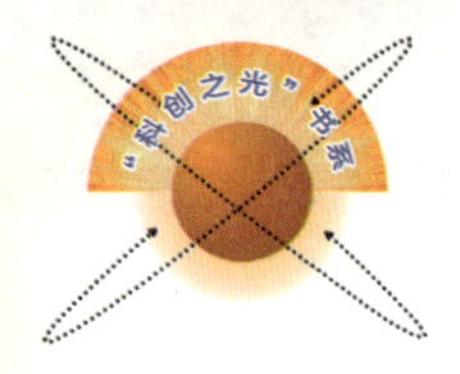

从军用到民用的标志——NSFNET 阿帕网日益普及，逐渐被大量的教育学者、学生爱好者、科研人员占据。由于阿帕网飞速扩充，很快就为网络高负荷运载而喘不过气来。信息交换的速度就像马路上车辆高峰期移动得那么慢。此刻，美国国家科学基金会（NSF）开始介入，他们的目标是开发出一个全国性高速骨干网，将全美的那几台价格昂贵、体积庞大的超级计算机中心连接起来，开放给大学、科研院所甚至私营机构使用。这就是NSFNET（国家科学基金网络）。那时，NSFNET几乎成为美国大学里年轻人高贵而时髦的精神享受。

作为一个面向社会的公共网络，客观上NSFNET对互联网从军用转向民用、向民众进行推广和传播可谓功不可没。1990年，NSFNET彻底取代了原来慢速的阿帕网，成为互联网的骨干网络，阿帕网正式退役。

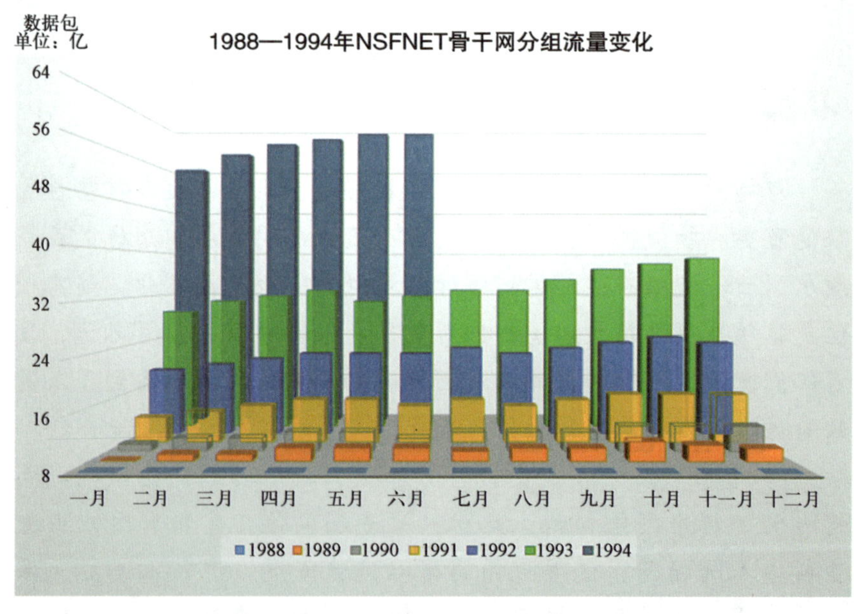

1988—1994年NSFNET骨干网分组流量变化
（数据来源：夏威夷电子图书馆）

为日后繁荣的互联网做出贡献的人，绝大多数既不是学院的教授，也不是研究所的科研人员，而往往是一批又一批穿着前卫、充满激情的年轻人。正有这样一个对科技怀揣着好奇心、求知欲和创新力的群体，才使得互联网络有着突飞猛进的发展。

小贴士

1992 年，时任美国副总统的阿尔·戈尔提出美国信息高速公路的设想。1993 年 9 月，美国政府宣布实施一项新的高科技计划“国家信息基础设施”（National Information Infrastructure，简称 NII），旨在以因特网为雏形建立贯通美国各大学、研究机构、企业乃至普通美国人家庭的全国性信息网络，这项计划的实施将给美国人的工作、学习、购物和生活方式带来“革命性变化”。

中国互联网从羊肠小道到康庄大道

互联网在世界范围内快速发展，而当时在中国，很少有人关注互联网这项技术。在当时的国际环境下，中国面临着诸多封锁和技术进口限制，发展互联网并非一件易事。值得欣慰的是，在科学家们的共同努力下，最终促使中国成功地接入世界互联网。

无论是网络接入设备、人们上网方式的改变，还是中国域名数量的快速增长及价值的显现，中国互联网的发展从未停歇。依托于科技发展、人口红利和改革开放的成果，经过 30 年的风起云涌，中国互联网已经从当初“羊肠小道”探索出了符合中国特色的“康庄大道”。“中国的互联网不是八抬大轿抬出来的，而是从羊肠小道走出来的。”中国接入互联网的重要推动者之一——中科院胡启恒院士这样说道。

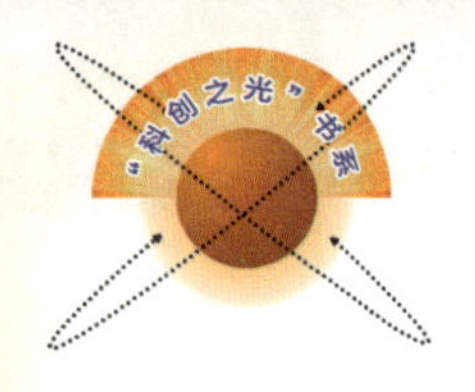

从“暗度陈仓”到“明修栈道”

攻破技术封锁，打破交流屏障 1975年，电子邮件已经在美国及一些西方国家开始流行。然而，在1994年中国正式接入国际互联网之前，中国的科学家们如果想收到电子邮件，必须通过国外的科研院校进行中转；那时，收发电子邮件并不像现在这样免费开放，一封邮件的价格非常昂贵。在这样的情况下，中国科学家对于开发一套邮件系统、接入国际互联网的需求变得十分迫切。

但在当时，包括美国在内的一些西方国家对中国的信息接入存有戒心，甚至会有意无意地设置一些软硬件兼容障碍。尽管如此，仍不乏国际友人的无私帮助。1985年，德国卡尔斯鲁厄大学（Karlsruhe University）维纳措恩（Werner Zorn）教授说服当时德国巴登弗腾堡州州长，对中德计算机网络合作项目提供经费支持，项目中的一台西门子7760大型计算机对当时的中国至关重要。1987年7月，措恩教授从德国带来了可兼容的系统软件，使得中国具备了与国际网络互联、电子邮件收发的技术条件。

在措恩教授的帮助下，王运丰教授和李澄炯博士等在北京计算机应用技术研究所建成电子邮件节点。1987年9月14日晚，十几位中德两国项目组成员围在那台西门子7760大型计算机旁，尝试向德国发出第一封电子邮件。邮件内容为“Across the Great Wall, we can reach every corner in the world（越过长城，走向世界）”。然而这封邮件因为一个数据交换协议的小漏洞，并未成功发送出去。

1987年9月20日，项目组再次试发，随着键盘的敲击和发送键的按下，这封历史性的电子邮件穿越大洋成功发出。中德科技专家历经4年的努力，克服经费、软硬件及国际线路等困难，打破美国对中国的技术封锁，通过自主搭建的邮件系统发出了中国第一封电子邮件。这也预示着，互联网时代悄然叩响了中国的大门。

中国第一封电子邮件成功发出

NCFC：中国互联网“扬帆起航” 1989 年，西方的研究人员已经通过互联网，开展世界范围的信息交流和资源共享。而此时的中国，电信市场还没有形成，连使用私人电话都是颇为困难和奢侈的事情。零星建设的计算机网络使得科研工作无法实现实质的资源共享。中国科研人员不得不通过传统邮政和邮电方式与国际同行进行交流。信息手段和时效短板严重影响着科技人员的研究视野、研究选题和知识更新，同时制约了国家科技发展。

为了充分利用科研资源，当时的国家计委决定在中关村建设计算机网，共享高速运算能力。当时的国家计委组织的世界银行贷款“NCFC”（中国国家计算机与网络设施，The National Computing and Networking Facility of China）项目让当时的科学家们看到了希望的曙光。这个项目由中国科学院牵头，联合北京大学、清华大学共同实施。它的目标是在中关村地区建立一个示范性的超级计算中心，并用高速网络将该地区的中国科学院院网、北京大学校园网、清华大学校园网与 NCFC 互联。通过这个网络的使用，该地区的科研人员能够通过网络共享超级计算机资源。NCFC 这个示范性网络正是中国互联网的雏形。

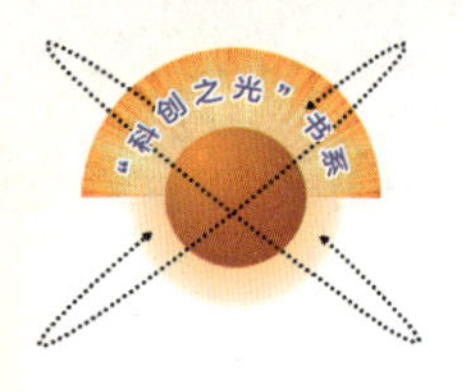

中国互联网“扬帆起航”

这个由中科院牵头的 NCFC 科研项目衍生出了计划外的重大成果——全功能接入国际互联网。1994 年 4 月 20 日，NCFC 通过这根 64 kbps 的国际专线首次实现了以国家身份与国际互联网的全功能连接，中国成为接入国际互联网的第 77 个国家，全面开启了中国的互联网时代。

作为一个示范性网络工程，NCFC 的建设在中国掀起发展互联网的热潮。

随后，中国四大骨干网——中国科技网（CSTNET）、中国公用计算机互联网（CHINANET）、中国教育和科研计算机网（CERNET）、中国金桥信息网（CHINAGBN）相继展开建设。

1995 年 1 月，中国电信开通了北京、上海两个接入互联网的节点。这一年，被称为中国互联网商业元年。1996年，中国电信向全社会提供商业化互联网接入服务。中国的互联网开始从科研领域向外衍生，逐渐走进普通大众，迅速开始在中国发展起来，让更多的人开始尝试体验互联网的魔力。

从“有线接入”到“无线互联”

有线接入：20世纪90年代末，电话拨号上网是最为普遍的一种上网方式，它通过一种被称为“猫”（调制解调器Modem）的设备和电话线接入互联网。虽然那时网速只有56 kbps，但依旧挡不住人们通过这根电话线接触外界的强烈愿望。

随着电话拨号上网的流行，其弊端也日益凸显，那就是用户在打电话的时候不能上网，上网的时候不能打电话。在电话拨号上网的后期，出现了一种被称作“专线”的上网方式——ISDN（在运营商业务体系里被称作“一线通”)。专线接入使得电话彻底解放，人们可以不再为错过重要的电话而困扰，同时语音和数据的传输质量和速率也得到了提升，当时的上网速度可达128 kbps（kilo bits per second，千位每秒）。

互联网快速发展，网民对互联网生活的要求也逐步提高，ADSL（非对称数字用户线路/环路）宽带技术应运而生，它标志着网络接入方式从“窄带时代”步入到“宽带时代”。众多新兴网络服务的流行促使ADSL逐步升级，网速从1 Mbps、2 Mbps再到4 Mbps，这足以承载包括高清在线视频在内的绝大部分网络在线服务。随着社交网络时代的来临，光纤开始登上历史舞台，相对于ADSL等铜线接入方式，光纤接入具有传输容量大、传输质量好、损耗小、上行速率快、中继距离长等先天优势。光纤在速度、传输距离方面的优势，翻开了中国互联网时代的新篇章。

无线互联：伴随着手机、平板、笔记本电脑等便携智能设备逐渐普及，网络接入进行到无线接入时代。2009年1月7日，工信部为中国移动、中国电信和中国联通发放3G牌照，正式

窄带拨号上网相关业务正式关闭下线

开启移动互联网高速接入时代。2013 年 12 月 4 日，随着 4G 牌照的发放，中国进入了 4G 时代。而覆盖越来越广泛的 WIFI 网络，更是让网民可以方便快捷地使用互联网的各种服务。移动互联网接入方式成为主流，并爆发出以移动互联为基础的全新应用。

当前，无论是办公区域，还是家庭环境，甚至一些公共场所，无线网络已成为必不可少的“标配”。还记得早期人们想要接入互联网时的场景吗？电话线、Modem、网线、滋滋啦啦的拨号音一样也不能少。而现在，我们只需动一动手指，就能够轻松连接到互联网，移动技术的快速发展，让我们摆脱了网线的束缚，无论何时何地，只要用户打开手机便能满足生活的基本要求和个性化需求，从衣食住行、文化娱乐到旅游、金融、公共服务等，不再受固定时间、地点、空间的约束，一切都“动起来”了！

从“一元域名”到“天价域名” 1990 年 11 月 28 日，中国国家顶级域名 .CN 正式在国际互联网络信息中心（InterNIC）完成了注册登记。中国的网络从此在国际互联网上有了自己的身份标识。由于当时中国尚未实现与国际互联网的全功能连接和足够的技术支撑，网络运行只能借助国外的服务器（当时域名服务器暂设在德国卡尔斯鲁厄大学）。

1994 年 5 月，在钱天白（中国互联网之父）和德国卡尔斯鲁厄大学维纳·措恩（WernerZorn）教授的帮助下，中国国家顶级域名 .CN 从国外迁移回中国，为中国的域名注册提供了资源保障，开启中国互联网的第一个里程碑。

1997 年，中国互联网络信息中心（CNNIC）成立，负责运行和管理中国国家顶级域名——中文域名系统（.CN），制定并发布的《中国互联网络域名注册暂行管理办法》和《中国互联网络域名注册实施细则》，标志着中国开始从机构、法规两方面来加强网络域名管理。

国家域名腾飞行动

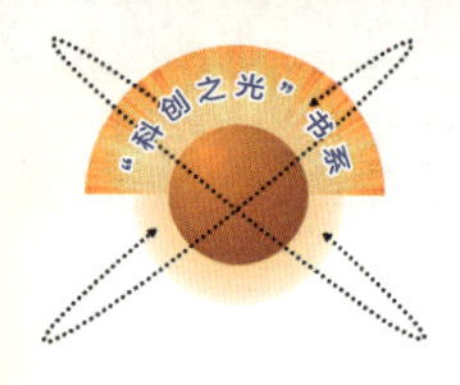

2007 年 3 月 7 日，CNNIC 启动国家域名“腾飞行动”，即人们津津乐道的“一元域名”全民体验活动，新注册 .CN 域名的网民第一年能够享受一元的“白菜价”。“腾飞行动”的目的是为了让更多的网民加入到互联网地址资源“大潮”，通过应用真正认识中国国家顶级域名 .CN 和它的价值，从而提升国家网络应用程度和网络经济规模。

据中国互联网络信息中心统计公布，中国 .CN 下注册的域名从 4 066 个（截至 1997 年 10 月 31 日）到成功跨越 2 000 万个大关（第 39 次中国互联网网络发展状况统计报告显示，截至 2016 年 12 月，中国“.CN”域名总数达 2 061 万个），成为全球注册保有量最多的国家和地区顶级域名。

当域名开始逐步被人们了解和重视，其价值也越来越多地被挖掘和认可，企业更是把域名当作无形资产和商业竞争的武器，域名已成为企业的“网上商标”。

不少国外企业为了打入中国市场、加深网民用户记忆，巨资收购 .CN 域名。2005 年，全球互联网搜索巨头 Google“入乡随俗”以巨资买回被抢注的 .CN 域名 google.com.cn 和 google.cn，创下 CN 域名史上“一字千金”的最高纪录；2011 年 10 月，全球著名购物平台亚马逊重金购入短域名 z.cn 并在中国市场启用，这也是继谷歌 G.cn、新浪 T.cn 之后，国内 .CN 短域名的又一应用，当之无愧地成为 2011 年度最热短域名。

一些国内企业为了品牌的传播与发展，树立良好的企业形象，不惜花费高成本来方便用户记忆和快速访问、保护自身品牌域名。京东花费巨资收购新域名 JD.com、JD.cn 以及 3.cn。不少品牌企业出于保护品牌域名的考虑都会将自家的品牌域名购入囊中，甚至还会将竞争对手的品牌域名也一并购入。然而，有些品牌企业域名保护意识薄弱，使得品牌域名一直在市场上“流浪”，若是被其他人启用，恶意建站，就容易误导不明所以然的网民，对自身品牌形象和企业名誉造成损伤。

互联网世界的“第一”

第一封电子邮件 在网络时代，“@”绝对是一个高频使用符号，一些社交工具常用“@+昵称”来通知昵称背后的那个人。“@”是谁发明的？

1971年，正在为阿帕网工作的麻省理工学院博士雷·汤姆林森（Ray#Tomlinson）把一个可以在不同的计算机网络之间进行拷贝的软件和一个仅用于单机的通信软件进行了功能合并，命名为SNDMSG（即Send Message）。为了测试，他使用这个软件在阿帕网上发送了第一封电子邮件，收件人是另一台电脑上的自己。考虑到不搅乱原先的程序或操作系统，雷·汤姆林森选择了一个生僻的符号“@”作为用户名与地址的间隔。尽管这封邮件的内容连Tomlinson本人也记不起来了，但那一刻标志着真正意义上电子邮件的问世。

虽然当时发展电子邮件的动机在于将阿帕网各地的计算机串联起来工作，后来却演变为兴盛至今的人际沟通接口（people-to-

新时代电子邮件和社交网络的象征

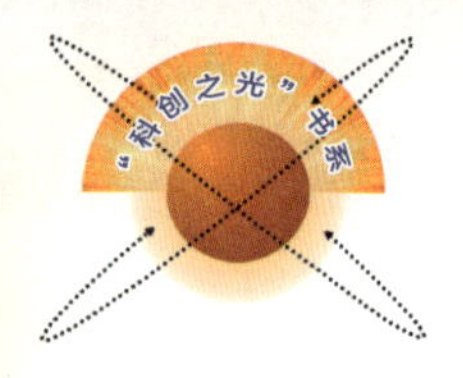

people traffic)，开启了人与人之间交流的无穷可能性。符号“@”也成为新时代电子邮件和社交网络的象征。

小贴士

到底是谁发明了电子邮件?

1969年10月29日晚上10时30分，在阿帕网搭建过程中，位于阿帕网第一节点加州大学洛杉矶分校正向在500多千米之外的阿帕网第二节点斯坦福研究院传递信息。这是一个包含五个字母的单词Login，意思是“登录”。在输入“Lo”后，传输系统突然崩溃，通信无法继续进行。数小时后，系统完全修复，不仅成功传出了“Login”，而且还传送了其他资料和数据。这是人类史上第一次互联网络的通信实验。

邮件炸弹——居然可以这么挣钱?！

在1994年出现了第一个利用互联网赚钱的人，一对来自美国亚利桑那州从事移民签证咨询服务的律师夫妇，将“绿卡抽奖”的广告发到多个新闻组，使得多台服务器瘫痪。通过20美元的网络通信费成本，吸引到25 000个客户，赚得了10万美元。虽然互联网“第一桶金”的赚钱方式受到批评，不过这种通过网络赚钱的思想引发了互联网商业应用的开端和打开了无限想象的空间。

第一本电子书 与雷·汤姆林森不同，哈特，一个被排除在阿帕网建设之外的大学生，对这项神秘的技术抱有崇高的敬畏。1971年，伊利诺伊大学的大型计算机成功连入阿帕网的消息很快成为校园重大新闻，所有人都渴望着一睹网络的真容。哈特幸运地获得了一个没有时限的使用权限，成为整个伊利诺伊大学唯一能使用阿帕网的局外人。来之不易的机会，以及跨入网络新大陆的兴奋与崇敬，让哈特油然萌生了一种使命感。坐在计算机前的他用了整整一夜，将《独立宣言》的 1 308 个单词一个字母一个字母地输入电脑，世界上第一本电子书就此诞生。

激动不已的哈特，萌生了一个更为大胆的构想。他发起了一项“古登堡计划”，这是世界上第一个数字图书馆。所有书籍的录入都是由志愿者来完成的，世界各地爱好读书的网民源源不断地加入到制作和分享电子书的队伍中来，共同建造巨型的网络图书馆。截至 2017 年 3 月，该计划在线提供了 54 400 本免费电子书供读者下载。

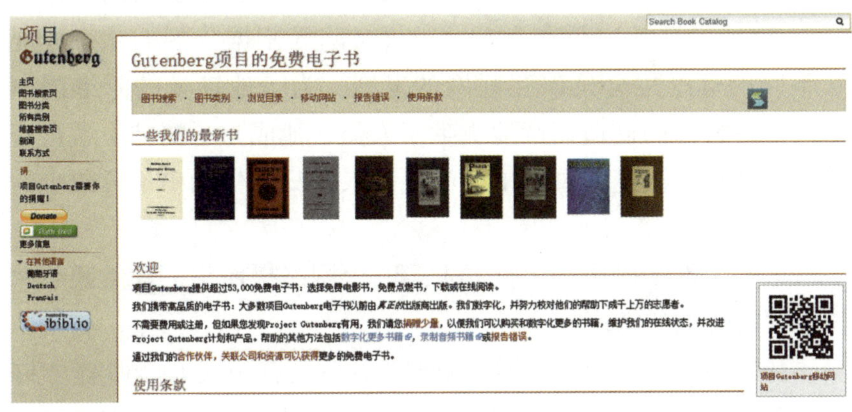

世界上第一个数字图书馆

（来源：http://www.gutenberg.org/）

第一个网站 1989 年 3 月，欧洲核子研究所研究员蒂姆 · 伯纳斯 · 李提出建立一个全球超文本项目的构想，以此作为一种浏览和编辑系统，使科研人员乃至没有任何专业技术知识的人都能顺利地从网上获取信息。1989 年 12 月，蒂姆将他的发明正式定名为 World Wide Web，即人们所共知的万维网（WWW）。这就是世界上第一个网站，当时这个网站一开始只有核子研究所内部的科学家可以使用，类似于欧洲核子研究所的官方网站。1991 年 5 月，WWW 在互联网上首次露面，立即引起轰动，获得了极大的成功，并被广泛推广应用。正是万维网的出现降低了互联网的门槛，使得越来越多的普通人也可以共享共用互联网。

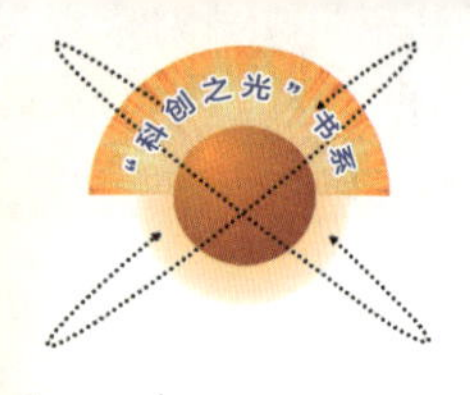

万维网之父蒂姆·伯纳斯·李

当万维网大功告成的时候，蒂姆放弃了专利申请。蒂姆没有认识到万维网的价值吗？当然不是。蒂姆之所以放弃通过万维网实现一夜暴富，关键在于他预见到一旦他的浏览器市场开售，势必会引起新一轮的网络软件大战，使得好不容易能得到统一的互联网浏览器协议又陷入割据分裂的状态，况且不同的标准也会延误互联网的发展。为了他钟爱的万维网事业，他将自己的创造无偿地贡献于人类，他成为了精神上最富有的人。现在，浏览网页几乎已经成为人们日常生活中不可缺少的一部分。

第一个网络摄像头　世界上第一个网络摄像头，竟然源于两位想喝咖啡的科学家？

1991 年，剑桥大学计算机研究中心只有一楼有咖啡壶，许多位于其他楼层的科学家们经常会跑到一楼，才发现咖啡已经没了。为了避免再次出现倒咖啡白跑一趟的问题，科学家弗雷泽和保罗装配了一个监控咖啡壶的设备，他们先用一个相机对准咖啡壶，设置每分钟拍三张照片，然后通过程序将照片传送到研究部门内部网络。世界首个网络摄像头在剑桥大学应运而生。

1993 年 11 月，科学家约翰逊所在的实验室由于连不上内部网络，无法使用之前的监控软件来查看有没有咖啡，于是他开发了一个让自己的计算机也能够收到摄像头图片的程序，实现了摄像头从内部网络到万维网的突破，真正意义上的“互联网摄像头”诞生了。

第一个图像浏览器　浏览器作为网络的一扇窗户，已然成为不可或缺的网络工具，从普通的文字到图片、动画、视频甚至声音等一切有趣生动的元素给用户带来了美好的体验。然而早期的浏览器界面只有文字，不但枯燥乏味而且操作指令难以记忆。当时一位正在国家超级计算应用中心打工的大学生安德森，受到万维网浏览器的启发，与他的同伴一起研发出了第一个加入图像元素的浏览器——Mosaic。1994 年，安德森创办了网景公司，始于 Mosaic 的浏览器“网景导航者”（Netscape Navigator）将蒙住互联网的幕布彻底撕开。

图文并茂的浏览器界面，加上便捷的鼠标操作方式，让“网景导航者”在网上发布短短 1 小时内，就达到了数以千计的下载量。不到一年，90% 的万维网用户都在使用“导航者”来浏览页面。同时，安德森采取评估版浏览器免费策略，使得“网景导航者”迅速占领市场，网景公司成立不到两年，便成功在纽约上市，公司市值一度高达 27 亿美元，年仅 24 岁的安德森一夜暴富。

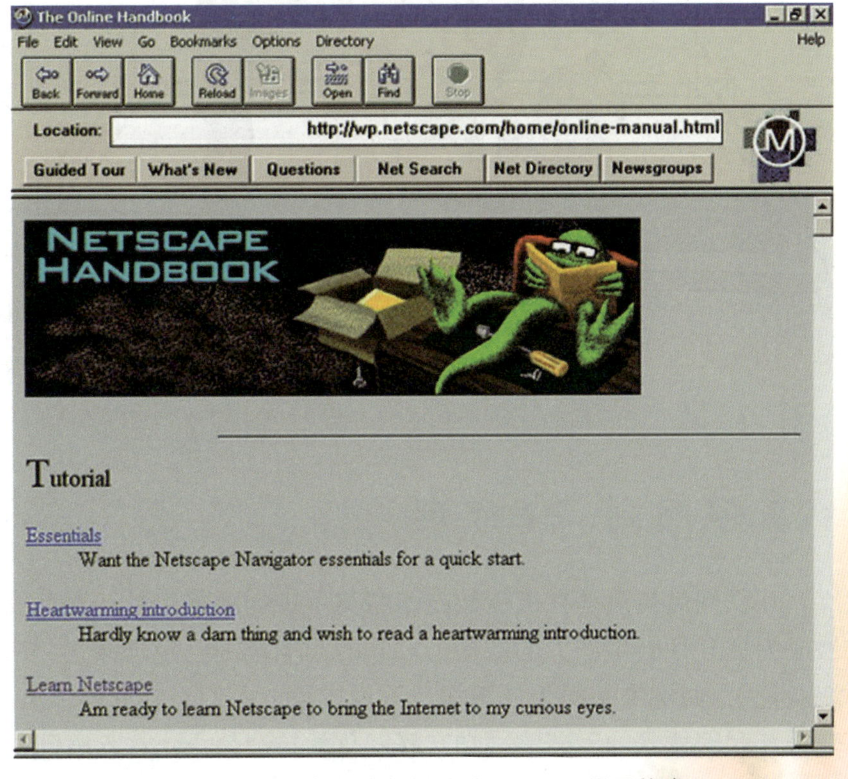

Mosaic 的第一个强劲竞争对手——“网景导航者”

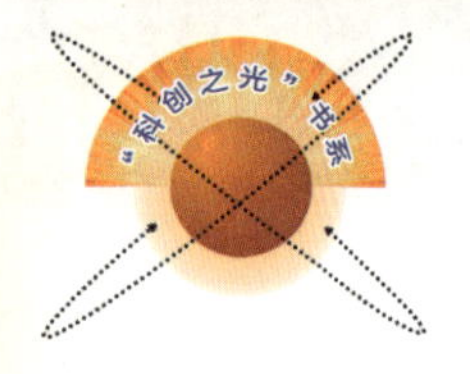

小贴士

浏览器大战

浏览器竞争的硝烟从未停歇过。1995 年，微软和网景之间的竞争拉开了浏览器大战的序幕，当时，微软通过将操作系统和浏览器捆绑销售的策略占据了绝对优势。随后，网景将浏览器开源，衍生出 Firefox 浏览器，继续开展竞争，紧接着 Chrome、Safari 和 Opera 等浏览器也“参战”其中。未来究竟如何？谁将是最后的赢家？用户才是真正的裁判！

浏览器大战

从互联网到“互联网 +”

互联网最初只是在极少数技术精英手中的联络工具，逐渐发展成为提升社会生产力的新动力。它的影响范围已经延伸到“四海八荒”，如空气一样无处不在、不可或缺，人们与它形影不离。随着互联网技术的不断演进和互联网化的持续深入，在互联网与传统行业的交融中，催生出“互联网 +”时代。互联网与经济社会各领域的融合发展成为推动经济增长的新动力，逐步形成互联网“新”经济形态，是中国经济社会创新发展的重要驱动力量。

互联网的“三驾马车”

在全球互联网发展的第一轮浪潮推动下，网络游戏、电子商务、互联网广告带动了互联网价值的实现，成为互联网“三驾马车”。

从2000年起，网络游戏引领着中国互联网经济的发展，网络游戏的市场规模在2007年突破了100亿用户。2003年“电子商务”产业的快速发展，改变了人类的消费行为。互联网作为媒介，改变和冲击着传统报纸、广播、电视等行业，以互联网广告代表的互联网经济形态，进一步推动了中国互联网价值的实现。

网络游戏 网络游戏从最早的文字游戏，到第一款图形网游的诞生，再到3D网游的崛起，科技和网络的组合一次次地改变了我们的生活。中国网络游戏市场的发展经历了产业萌芽期（2000—2003年）、培育起步期（2004—2005年）、快速崛起期（2006—2010年）和稳定发展期（2011年至今）四个主要发展阶段，从代理运营的“破茧而出”到自主创新研发的“稳中有进”，网络游戏成为中国互联网经济发展的重要动力。

据《2016年中国游戏产业报告》显示，2016年中国游戏产业收入规模实现1 655.7亿元，而在10年前，这个数字甚至还不到60亿元，网络游戏产业产值已经成为传统娱乐内容产业的“主力军”。除此之外，网游市场还拥有数量庞大的消费群体，据中国互联网络信息中心统计显示，截至2016年12月，中国网络游戏用户规模已达到4.17亿个，占整体网民的57%。随着中国网络游戏自主研发实力的不断提升，越来越多中国游戏企业的身影出现在全球市场。在国际化进程中，网络游戏担负着文化、风俗、价值观等输出的功能，是国家展现文化软实力的重要阵地。

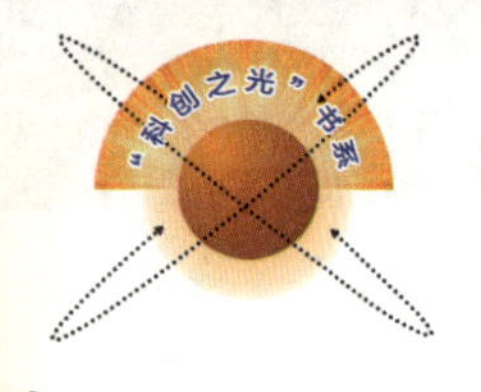

2008—2016 年中国游戏市场实际销售收入
（数据来源：艾瑞网）

因此，中国网络游戏产业更迫切需要能够讲好中国故事的创意型人才。

网络游戏产业一方面提升了人们的娱乐体验，更重要的是，游戏产业的发展带动了科学、技术、工程、数学等学科的发展，也促进了计算机的应用，以及与其他产业的融合。简·麦戈尼格尔在《游戏改变世界》一书中提出：用游戏中学到的经验改造世界，即“游戏化”。“游戏化”可以重塑人类积极的未来，让我们的世界和游戏一样引人入胜。只要把游戏想象成“快乐引擎”，你就能看到以前从未设想过的改造真实世界的潜力。这是人类在互联网时代所触及的日渐显现的未来的门槛。

电子商务 20 世纪 90 年代初，一直徘徊在互联网之外的商业贸易活动正式进入到这个王国，从而使电子商务成为互联网应用的最大热点。“电子商务”一词的诞生，吹响了互联网经济的号角。中国电子商务不断扩展和深化发展，催生出新的商业生态和新的商业景观，进一步影响和加速传统产业的“电子商务化”，成为消费者生活中的重要组成部分。消费升级、需

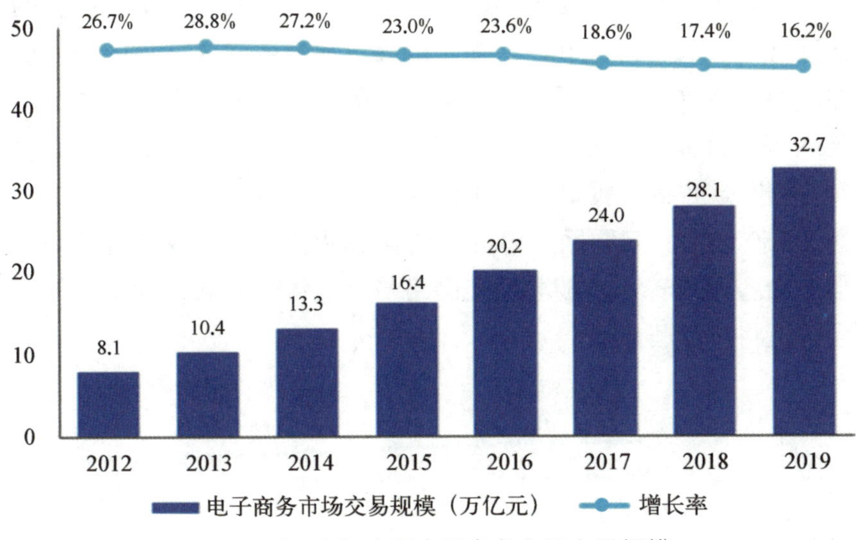

2012—2019年中国电子商务市场交易规模
（数据来源：艾瑞网）

求驱动等培育了电子商务发展的沃土。据艾瑞咨询数据显示，2016年，中国电子商务市场交易规模达到20.2万亿元，增长率23.6%，电子商务正在成为拉动国民经济保持快速可持续增长的重要动力和引擎。

以“平台”为核心的电商模式，将生产者、物流供应商和消费者等角色整合在同一平台上，不仅能够释放潜在需求，而且能够创造新的需求；不仅催生出一批服务新模式、新业态，而且促进了各种要素的合理流动和重新组合，推动产业结构、区域结构实现“再平衡”。电子商务模式的最大意义在于：它实现了服务提供方和服务使用方的直接对接，成为推动电子商务发展最为重要的驱动力，极大地提升了互联网的价值实现。

“十二五”期间，中国电子商务实现了跨越式发展，取得了三个全球第一：网购交易额全球第一，网购用户数全球第一，单日网购金额全球第一。未来，中国电子商务将持续领跑全球，推动全球协作的电商大市场的形成，成为全球经济行为的核心组成成分。

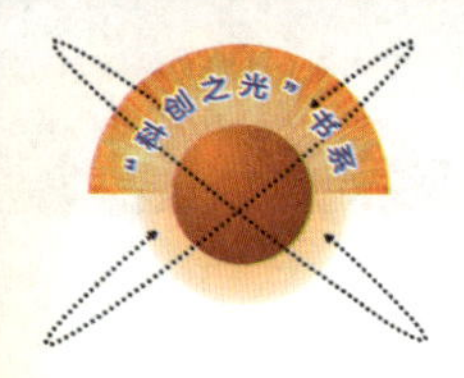

互联网广告 在当今信息爆炸的时代，互联网以其特有的交互性，已成为继报刊、广播、电视三大传统媒体之后的第四媒体。而互联网广告正是伴随着互联网的普及大潮，在诞生之日就进入了迅速发展的快车道，它对互联网经济的推动作用不断提升，据艾瑞咨询数据显示，2016 年，中国互联网广告市场规模已达 2 769 亿元。互联网广告的价值核心从一开始的以广告位为主导向内容形式转移，随着社交网络与自媒体的兴起，社交媒体广告价值将日益凸显。

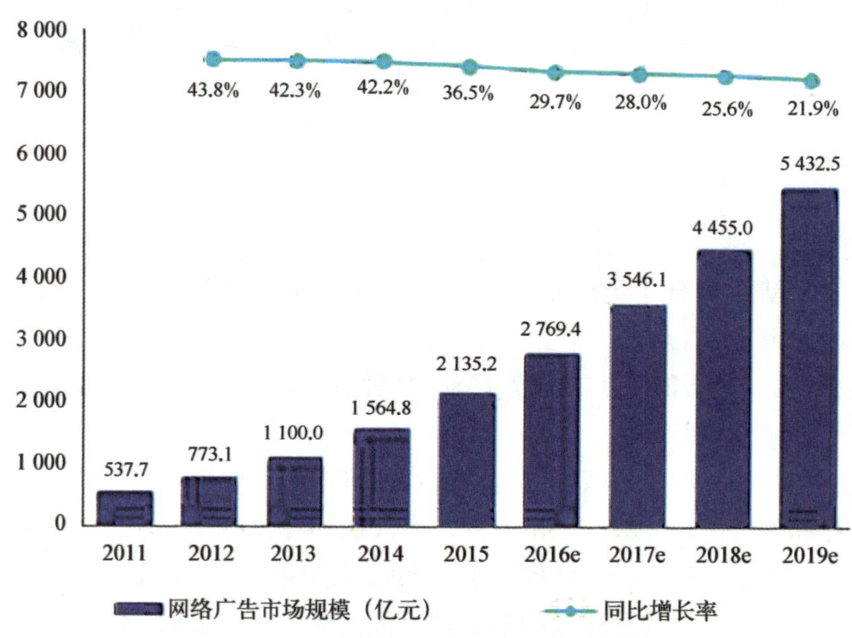

2011—2019 年中国网络广告市场规模及预测
（数据来源：艾瑞网）

无论是门户网站的旗帜广告、弹窗广告还是微博、微信中的推送广告，这一系列的互联网广告的传播方式仿佛已经无法从人们日常生活中剥离开来，而互联网广告似乎已成为了运营商营销手段中不可或缺的一部分，互联网广告几乎已经在互联网的每个角落都实现了有效的覆盖。互联网新技术的拓展，以及成熟化的应用，使得互联网广告市场更具创新的生机。

相比传统广告，互联网广告可以同受众进行即时互动是其最大的优势。一般来说，受众既是信息的接受者，也是信息的传递者，因此受众通过点击广告商提供的网络链接，能够主动参与自己所感兴趣的相关产品服务信息。网络视频广告就是互联网广告与传统广告相结合的一个典型例子，它采用数码技术将传统的视频广告融入于网络中，不再将广告插播在视频中，而是制作单独的视频。网络视频广告更生动，感官性极强，容易给观众留下深刻的印象，并且网络视频广告的播出可由用户自己控制。通常这样的广告都趣味性十足，弱化了浓厚的商业气息，加入了艺术元素和搞笑情节，降低了广告带来的反感情绪，人们反而开始主动去了解这些广告。

“互联网 +”时代

近几年来，“互联网 +”引领着新一代互联网经济的实现，几乎波及每一个行业。当前，大众耳熟能详的电子商务、互联网金融、在线旅游、在线影视、在线房产等行业都是“互联网 +”的杰作。如今随着“互联网 +”蓬勃兴起，更多的企业或团队借助于这一浪潮，试图改变更多细分的传统行业。

“互联网 +”上升为国策

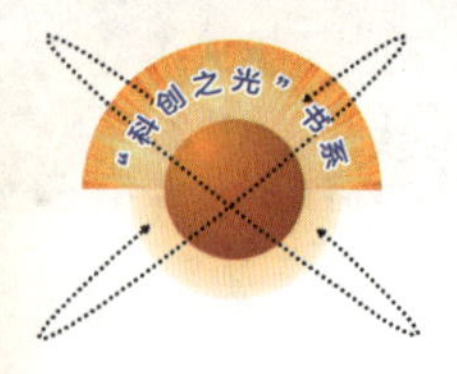

在全球新一轮科技革命和产业变革中，互联网与各领域的融合发展具有广阔前景和无限潜力，对各国经济社会发展产生着战略性和全局性的影响，并成为不可阻挡的时代潮流。作为快速发展中的全球第二大经济体，中国更应顺应当前世界“互联网 +”发展趋势，紧抓互联网革命的新机遇，充分发挥中国互联网的规模优势和应用优势，推动互联网由消费领域向生产领域拓展，加速提升产业发展水平，增强各行业创新能力，构筑经济社会发展新优势和新动能。

“互联网 +”就是利用信息通信技术及互联网平台，让互联网与传统行业进行深度融合，协同增效，创造新的发展生态。“互联网 +”是一次生产力和生产关系的革命。以互联网平台为基础，借助移动互联网、云计算、大数据、物联网的广泛应用，

“互联网 +”

可以不断地创造出新产品、新业务与新模式，带动传统行业实现新的腾飞。

“互联网+”不仅仅是连接一切的网络或纯粹地将这些技术应用于各个传统行业，更是通过无所不在的计算、数据、知识等创新应用，拓展互联网与经济社会各领域融合的广度和深度，实现社会生产力的跨越式发展，并且催生了以用户创新、开放创新、大众创新、协同创新的“创新时代”，改变着生产、工作、生活方式，并给当今中国经济社会的转型发展和升级带来无限的机遇。

“互联网+”具有以下三个特点：

（1）“互联网+”的融合与创新。“互联网+传统产业”不是简单相加而是融合，更不是“颠覆和替代”，而是通过互联网，解决原有业务中的信息不对称问题，通过相关的技术手段、思维模式的变革等，在信息化、数据化处理的基础上，有效整合资源，提高资源利用率，降低企业业务门槛，模糊传统产业边界，推动企业平台化、跨界化发展。另一方面，“互联网+”推动了知识社会以“协同创新、开放创新、大众创新、用户创新”为代表的新一轮创新，引领了创新驱动发展的“新常态”，在一定程度上打破了地域、组织、技术的界限，促进创新成果和前沿技术及时转化，加强了创新资源的合作共享，构建起更具活力的创新体系。

（2）“互联网+”的开放与重塑。通过互联网开放和共享的思维，重构商业模式和生产模式，各行各业可以结合自己的业务优势，通过跨界创新，创造出新的产品、新的服务、新的盈利模式，从而共享“互联网+”红利。信息技术革命、经济全球化打破了原有的经济结构、社会结构、文化结构、地缘结构，在互联网上形成了越来越多的共同利益相关者。通过重塑融合，构造起新的学习方式、商业生态和生活形态，重新塑造人们的衣食住行及生活的方方面面。

（3）“互联网+”的直通与透明。“互联网+”使得传统的流

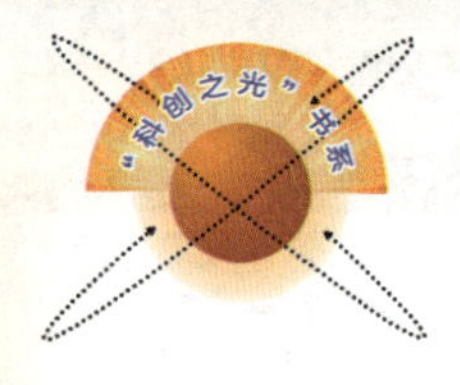

通渠道扁平化，以此简化中间环节、改变市场的信息不对称状况。消费者开始拥有更多的选择权和话语权，商业环境日趋公平公正。“互联网+”也促进了社会公共服务的改变、更多的网上预约和办理，包括网上申请、网上交费、网上审核等，大大提高了效率、降低了中间沟通环节的成本。同时，互联网作为监督约束的利器，通过舆论监督等手段，促进了市场竞争的有序和规范，成为经济社会发展的重要支撑。

“互联网+”通过其独有的模式，通过跨界融合，实现了“1+1>2”，改变了传统的“渠道为王”的商业模式，最大程度上实现了经济社会的“长尾效应”，对优化经济结构和社会发展起到了关键作用。

万物互联，一切刚刚开始

随着互联网不断向万物互联进化，人类将以更为紧密和更有价值的方式联结在一起。对于人类生活而言，万物互联让生活变得更加智能化，让人变得更有创造力。互联网蕴藏的能量仍然在快速发展，人们无不期待着未来互联网还会带来怎样的改变？

万物互联，一切刚刚开始

当前，互联网已经渗透到社会生产生活各个方面，深刻改变着人类社会运行方式，加速着人类文明进步的步伐，开启了一个崭新的时代。在这个时代，没有人可以避开互联网的渗透。互联网早已不是简单的技术变革，人们正试图赋予其精神和内涵，以期互联网能更好地为人类所用。万物互联仅仅只是一个开始，创新驱动、网络安全、开放共享正是开启互联世界造福人类的未来之门。

创新驱动是互联网造福人类的基础　从蒸汽机革命、电力革命和信息化革命，一直到如今进行的工业 4.0，创新驱动是不变的主旋律。以“互联网 +”为代表的第四次产业革命中，创新驱动显得更为抢眼，既包括技术层面的人工智能、云计算、物联网、大数据，也包括在技术创新带动下出现的新产品、新服务、新业态和新模式。

可见，新时代下的创新驱动是多层次的，从技术到应用，从国家政策法律到国民社会生活，从科技领域到金融服务，正是这些技术上的创新，带动着理论创新和制度创新。传统观念正在转型，新旧产业正在融合。这一切发展的最终目的，还是要落脚在“造福人类”的关键点上。互联网技术发展也应遵循“君子务本”的基本态度，以技术发展为基础，一步一个脚印，不忘初心，然后才可能“立本而道生”，这个“道”就是一切的发展，最终目的都要集中在让全人类都分享到互联网红利。有了“本”与“道”的结合，也就产生了辩证关系，并非所有的技术都应发展，只有符合“造福人类”的技术，才应该成为创新驱动的关键，而那些危害网络安全、滥用网络优势、破坏网络环境的“坏技术”，全球各国政府都应坚决摒弃和抵制。

网络安全是互联网造福人类的保障　习近平总书记在中央网络安全和信息化领导小组第一次会议上的讲话中就提出：“没有网络安全就没有国家安全，没有信息化就没有现代化。”这种安全与发展的辩证关系在互联网发展领域，就是要趋利避害，让网络成为“人类社会的宝库”，不能沦为“潘多拉魔盒”。在任何时

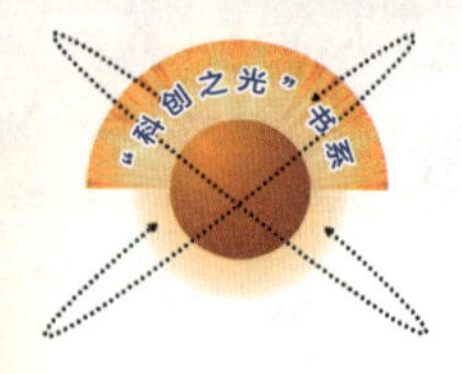

刻，安全问题都可能成为发展的瓶颈，忽略安全的发展，就会产生侵害人类福祉的巨大破坏作用。近年来世界各国频生的信息安全、电信诈骗和网络黄赌毒等问题，都反复证明了这一点。

开放共享是互联网造福人类的目标 “开放共享、互联互通”是互联网发展的客观规律，是让全世界人民享受到互联网发展红利的基础。但开放共享不应是无条件的。开放共享应该建立在国与国之间相互尊重主权的基础上、应建立在安全秩序的基础上、应建立在共享共治的基础上。互联网世界的互相尊重、反暴恐、反洗钱、打击网络犯罪、维护网络安全等是所有人的责任，必须依靠全人类的努力和团结。

开放共享与共享共治是一个问题的两个方面，是互联网时代的共享辩证法，运用得好，共享就能成为造福人类的好办法，用得不好，就可能成为损害人类的利器。正因如此，习近平总书记在第三届世界互联网大会的视频讲话中强调：“中国愿同国际社会一道，坚持以人类共同福祉为根本，坚持网络主权理念，推动全球互联网治理朝着更加公正合理的方向迈进，推动网络空间实现平等尊重、创新发展、开放共享、安全有序的目标”。

穿越历史的长河，互联网无疑是个新事物。

站在现实的视角，互联网正在成为新引擎。

放眼未来的发展，互联网必将播撒新希望。

了不起的互联网

网络是如何构建和实现的？移动互联网、云计算、大数据、人工智能，谁又会成为互联网时代下一个核心？互联网的优化和进阶发展，又会对未来的创新创造哪些可能？

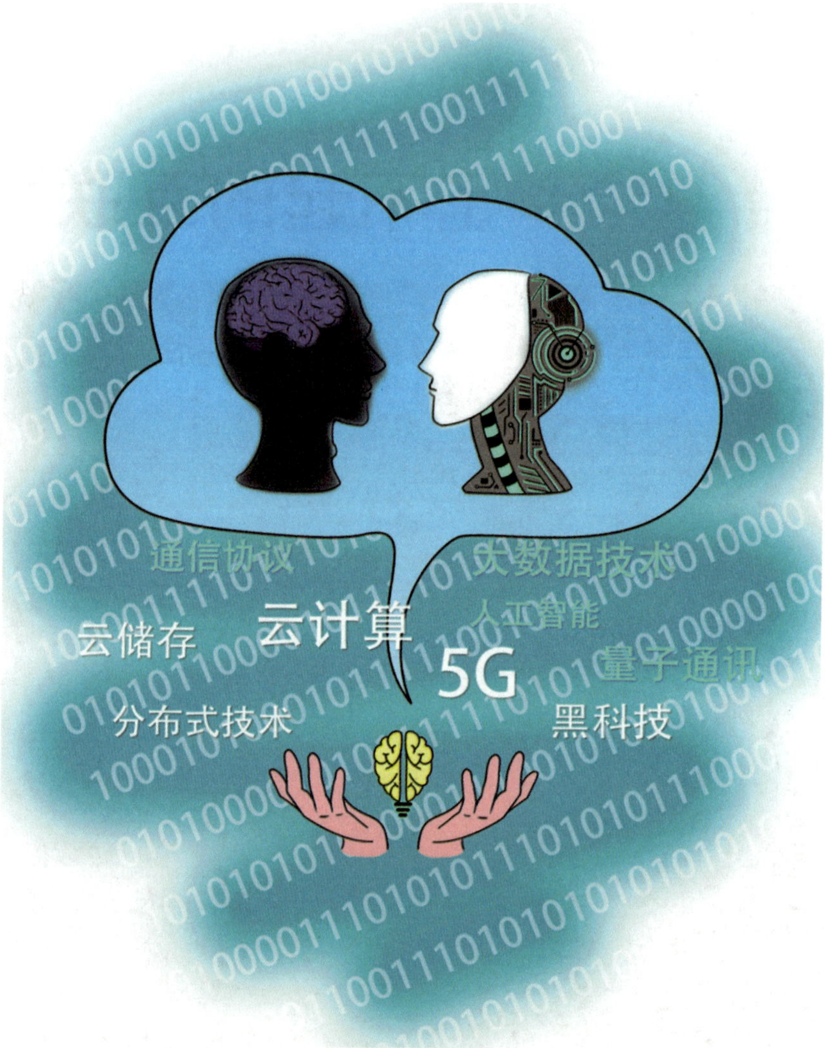

了不起的互联网

互联网的“技术解码”

全世界有数以亿计的电脑，它们通过网络连接在一起相互通信，无论是电子邮件、在线会议、在线视频、网络直播，还是网络办公、网络游戏等，任何互联网的应用都需要网络技术的支撑，这些技术会涉及三个层面：应用端、通信路径和服务端。个人电脑、智能手机等终端的丰富多彩的应用，都是互联网应用端的技术；为应用端提供数据“养料”、分析处理等服务的对应端称为服务端，一般位于数据中心，由复杂的网络服务系统组成；而应用端和服务端之间通信的通道，就是通常所说的通信路径。通过应用端、服务端和通信路径相关的技术，就构成了完整的互联网“技术解码”。

小屏幕中的大世界

屏幕是我们进入互联网世界的窗口，无论是电脑屏幕、手机屏幕、Pad 屏幕。小小的屏幕展示了丰富多彩的互联网应用，打开了通往互联网世界的第一道门。众多的互联网应用能够直观地展示出来，归功于互联网软件和应用开发技术的支撑。无论是电脑端、手机端，还是 Pad 端，互联网应用软件绝大部分都是基于 HTML 语言、JavaScript、CSS 等技术开发而成，这些技术精巧的应用和组合，开发出丰富多彩的网页，给互联网世界带来了奇思妙想，构建了小屏幕中的大世界。

互联网是由无数网页组合而成的，要开发出这些页面，超文本标记语言 HTML（HyperText Markup Language）必不可少。HTML 是制作网页的语言，它通过标记符来标记要显示的页面信息，例如文字、图片、视频等。用 HTML 编写的超文本文档称为 HTML 文档，它能独立于各种操作系统平台（如 WINDOWS、UNIX 等），通过浏览器来解析，并将这些 HTML 按某种规则

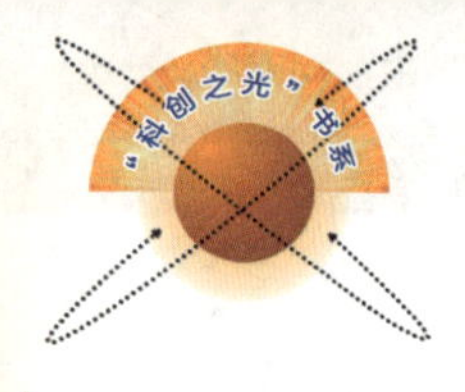

小屏幕中的大世界

"翻译"成可以识别的信息，即所有的计算机都能够理解的一种用于出版的"母语"，就是我们现在所见到的网页。HTML 中的超文本功能，也就是超链接功能，使网页之间可以相互链接。网页与网页的链接构成了网站，而网站与网站的链接就构成了多姿多彩的互联网。

为了增强 HTML 网页的动态展示效果，增加更为复杂的页面控制功能，直译式脚本语言 JavaScript 应运而生。"JavaScript 的目标是当你把鼠标移动到一只猴子上面时，能让它跳舞。"一位著名评论家写道。JavaScript 是一种属于网络的脚本语言，已经被广泛用于 Web 应用开发，常用来为网页添加各式各样的动态功能，为用户提供更流畅美观的浏览效果。通常 JavaScript 脚本是通过嵌入在 HTML 中来实现自身功能的。

仅仅用 HTML 制作出来的网页，就好比"毛坯房"，能满足"遮风避雨"的基本需求，这样的网页只能说"勉强可以看”，但是与美观和时尚等基本就无缘了。而层叠样式表 CSS（Cascading Style Sheets）就像是“软装”，谁都可以按照自己的审美来装修，“毛坯房”通过 CSS 的“鬼斧神工”，变得更加好看，让住户住得更加舒服。通过在 HTML 文件里添加一个超级链接，引入外部的 CSS 文档，就能控制整个网站的网页风格。它让网页的文字内容与版面设计分开。只要在一个 CSS 文档内定义好网页的风格，然后在网页中加一个超级链接连接到该文档，那么网页就会按照在 CSS 文档内定义好的风格显示出来。除此之外，CSS 还能够对网页中元素位置的排版进行像素级精确控制，支持几乎所有的字体字号样式，拥有对网页对象和模型样式编辑的能力。

为快速便捷地进行互联网页面的开发，聪明的互联网开发者借鉴了现实世界中建筑的理念，结合软件工程“复用”的思想，研发出一系列通用的开发框架，例如 J2EE、PHP 框架等，这些开发框架由相应的一系列组件组成，能够帮助开发者像“搭积木”一样将这些模块“拼装”在一起，不断为互联网世界注入“新能量”。

小贴士

HTML

HTML 是由万维网的发明者蒂姆·伯纳斯·李提出的。它是标准通用标记语言 SGML 的下一代应用。HTML 作为一种标识性的语言，由一些特定符号和语法组成，通过 Web 技术（如脚本语言、公共网关接口、组件等）的组合使用，可以创造出功能强大的网页。超级文本标记语言之所以称为超文本标记语言，是因为文本中包含了所谓“超级链接”点。目前，HTML5 是最新的 HTML 标准。

JavaScript

JavaScript 最初由网景公司提出，它一开始的名字是

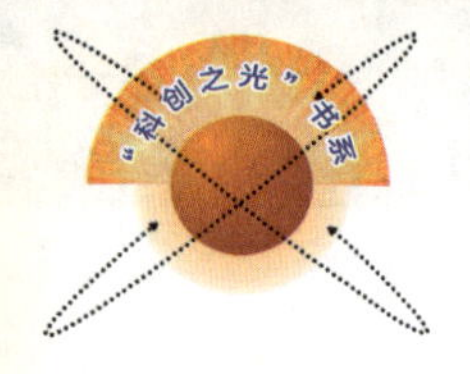

LiveScript。后来在网景公司与原太阳（Sun）公司合作之后，将其改名为JavaScript。JavaScript与Java名称上的近似，是当时网景公司为了营销和推广考虑，与太阳（Sun）公司达成协议的结果。2009年4月20日，甲骨文收购太阳公司，JavaScript成为甲骨文公司的注册商标。

CSS

随着HTML的发展和功能的增加，HTML变得越来越杂乱，越来越臃肿，于是CSS便诞生了。1996年12月，层叠样式表的第一份正式标准（CSS Level 1）完成。CSS在Web设计领域是一个突破，能够实现修改样式，更新与之相关所有Web页面元素的显示，大大提升了网页的设计效率和管理。

互联网通信的秘密

万花筒般的互联网世界，是如何通信的呢？上海的某一块网卡送出信号，洛杉矶的另一块网卡居然就收到了，但两者实际上根本不知道对方的物理位置，是不是觉得这很神奇？互联网的核心是一系列协议，总称为“互联网协议”（Internet Protocol Suite）。它们对电脑如何连接和组网，做出了详尽的规定。理解了这些协议，就掌握了互联网通信的秘密。

国际标准化组织（International Standardization Organization, ISO）定义了网络协议的基本框架，即OSI模型。OSI模型划分为七层，从上而下分别是应用层、表示层、会话层、传输层、网络层、数据链路层和物理层。

虽然国际标准化组织制定了网络协议的理想的参考模型，但在实际应用开发中，该模型还需要做进一步优化。互联网开发者参考OSI模型，根据实际应用需求，制定了一个四层的TCP/IP协议模型，包含应用层、传输层、网络层和网络接口层。

OSI模型和TCP/IP协议模型关系下图所示：

OSI	TCP/IP协议集	
应用层	应用层	Telnet、FTP、SMTP、DNS、HTTP、以及其他应用协议
表示层		
会话层		
传输层	传输层	TCP、UDP
网络层	网络层	IP、ARP、RARP、ICMP
数据链入层	网络接口	各种通信网络接口（以太网等）（物理网络）
物理层		

OSI 以及 TCP/IP 协议集

在 TCP/IP 协议模型的支撑下，互联网世界中任何两台终端要实现通信，以下几个因素必不可少：

（1）网络标识：IP 地址（Internet Protocol Address，互联网协议地址）是 IP 协议提供的一种统一的地址格式，它为互联网上的每一个网络和每一台主机分配一个名字，每个连接到网络上的计算机都必须有一个 IP 地址，作为网络通信的基础。

（2）网络寻址：DNS（Domain Name System，域名系统）是互联网上解决网上机器命名的一种系统。就像拜访朋友要先知道别人家怎么走一样，当一台主机要访问另外一台主机时，必须首先获知其地址。为了方便记忆 IP 地址，采用域名系统来管理主机名字和 IP 地址的对应关系，为网络寻址提供了一套有效的方法。

（3）网络通信：TCP（Transmission Control Protocol，传输控制协议）是一种面向连接的、可靠的、基于字节流的传输层通信协议；UDP（User Datagram Protocol，用户数据报协议）是一种无连接的传输层协议，提供面向事务的简单不可靠信息传送服

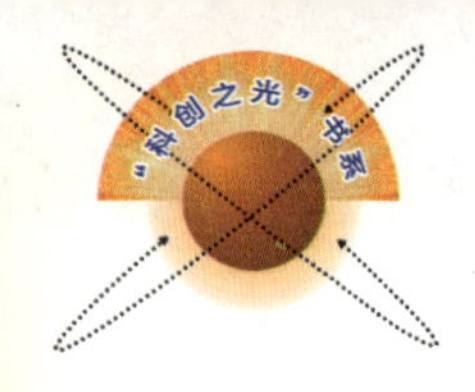

务，在网络中它与 TCP 协议一样用于处理数据包。

基于以上要素的保障，互联网上的主机就具备了通信的基础，需要传输的数据就掌握了最终要到达的目的地。TCP/IP 协议簇是互联网通信的基础，它们的组合就如同一个三明治。这些协议以“层”构成，这些“层”中夹的都是代码。最顶层叫做“应用层”，与网页浏览器这类应用直接交互，这一层包含网站访问的 HTTP 协议和邮件传送的 SMTP 协议等。下一层是“传输层”，TCP 和 UDP 协议就在这层，对于需要低延迟的在线游戏来说，更快速实用。当应用层从任何程序中得到数据后，它就会通过“端口”与传输层对话。于是，每个端口会在应用层里被分配一个不同的协议，让 TCP 协议知道数据是从哪来的。比如，浏览器中大多数活动都会通过端口 80（HTTP 协议的端口）。一旦 TCP 协议拿到了数据，它就会把数据“切割”成无数个小块，这些小块被称为“数据包”，然后它们聚集到附近的一个池塘里，这些数据包以最短路径到达它们的目的地。为了确保接收数据的电脑能把这些数据包正确重构起来，TCP 协议在每个数据包前面加上了一个前缀，其中包含了按顺序重组数据包的指令和检错的信息，这样就可以使接收方的电脑知道收到的数据有没有发生错误。这些都完成后，数据包会被发送到“网络层”，通过 IP 协议附上源 IP 地址和目的 IP 地址，让数据包知道它从哪里来，要到哪里去。最后，数据通过分配网卡 Mac 地址（物理地址）的“网络接口层”，将数据包转化为电脉冲，从线缆中前往正确的物理计算机。

小贴士

IP 地址

IP 地址是 TCP/IP 协议中实现终端间通讯的基础，目前使用的 IP 地址是 32 位的，即 IPV4。IP 地址分为公网 IP 和私有 IP 地址，公网 IP 是在互联网使用的 IP 地址，而私有 IP 地址是在局域网中使用的IP地址。由于IPV4协议可分配地址空间的限制，其地址的数量是有限的，无法做到为网中的每一台计算机分配一个公网IP，所以局域网中的计算机就只能使用私有IP地址，如常见的192.168.0.*，就是私有IP地址。为了解决这一问题，互联网的管理者制定了IPV6，重新定义地址空间，采用128位地址长度，几乎可以不受限制地提供地址。IPV6作为下一代互联网的协议，势必会取代目前正被广泛使用的IPV4。

DNS

虽然互联网是虚拟的，网络协议IP地址是不可捉摸的，但DNS根域名服务器确是实实在在存在的，是支撑整个互联网运作的最重要基础设施之一。DNS域名系统通过分级授权的域名管理机制，将域名转化成IP地址。在这个分级授权的结构中，最顶层的称为根域，随后是处于不同层级的子域，根域名服务器，就是最为权威的“号码簿”。全球所有的DNS服务器，其实都只是起到加速和缓冲的作用，最终的解析都要连接到根域名服务器完成，前全球根域名服务器仅有13个。

网络通信

互联网中节点之间的通信方式发展至今，已经形成了**单播、广播、组播和任播**等通信模式。不同的使用场景，采用的通信方式也会有所不同。现今在互联网应用中最为广泛的通信模式就是**单播**，它每次只有两个实体相互通信，发送端和接收端都是唯一确定的。**组播**是指把信息同时传递给一组目的地址，消息在每条网络链路上只需传递一次，只有在链路分叉的时候，消息才会被复制。**广播**是主机之间“一对多”的通讯模式，网络对其中每一台主机发出的信号都进行无条件复制并转发，所有主机都可以接收到所有信息（无论你是否需要）。**任播**是IPV6中定义的一种新型通信服务，通过网络寻址和路由的组合策略，使得资料可以根据路由拓扑来决定送到“最近”或“最好”的目的地。

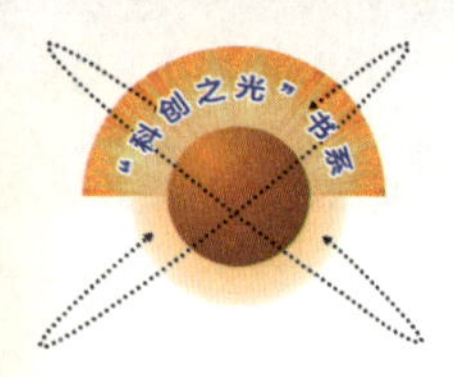

网站温暖的家

网页页面提供了主机和用户交互的界面，为用户进入互联网世界打开了窗口，互联网通信实现了主机和主机之间的联系，但是对于提供真正服务的网站来说，服务器才是提供互联网丰富多彩内容的真正源头。

网站是一系列网页的合集，网站部署在服务器上，那么服务器又在哪里呢？服务器位于数据中心中。在互联网世界中，数据中心是互联网网站温暖的家。

数据中心是一整套复杂的设施。它不仅仅包括计算机系统和其他与之配套的设备（例如通信和存储系统），还包含冗余的数据通信连接、环境控制设备、监控设备及各种安全装置。通常意义上讲，数据中心是“多功能的建筑物，能容纳多个服务器及通信设备。这些设备被放置在一起是因为它们具有相同的对环境的要求以及物理安全上的需求，并且这样放置便于维护，而‘并不仅仅是一些服务器的集合’”。一个典型的数据中心由防火墙、交换机、Web 服务器、应用服务器、数据库服务器等，通过网络连接组合在一起。

防火墙（Firewall），也称防护墙，是由 Check Point 创立者吉尔・史威德（Gil Shwed）于 1993 年发明并引入互联网。它

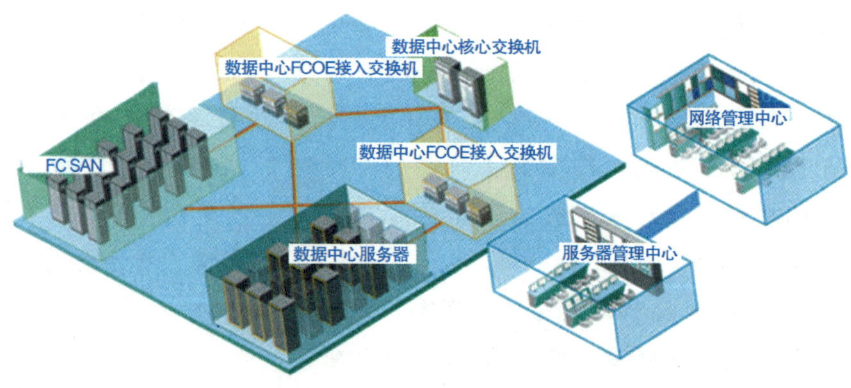

数据中心的组成示意

是一种位于内部网络与外部网络之间的网络安全防护系统，依照特定的规则，允许或是限制传输的数据通过。防火墙实际上是一种隔离技术，在两个网络通信时执行的一种访问控制尺度，它能允许你“同意”的人和数据进入你的网络，同时将你“不同意”的人和数据拒之门外，最大限度地阻止网络中的黑客来访问数据中心。

交换机（Switch）意为“开关”，是一种用于电（光）信号转发的网络设备。它可以为接入交换机的任意两个网络节点提供独享的电信号通路。交换机服务于 OSI 参考模型的第二层，即数据链路层。交换机内部的中央处理器会在每个端口成功连接时，通过将 MAC 地址（网卡的物理地址）和端口对应，形成一张 MAC 地址表，即内部交换矩阵。交换机的所有的端口都挂接在其总线上，控制电路收到数据包以后，处理端口会查找内存中的地址对照表以确定目的 MAC 的 NIC（网卡）挂接在哪个端口上，通过内部交换矩阵迅速将数据包传送到目的端口，目的 MAC 地址如果不存在，广播到所有的端口，接收到端口的回应后，交换机会“学习”新的 MAC 地址，并把它添加入内部 MAC 地址表中。在数据中心中，交换机根据网络的需求，完成了不同通信设备之间信息交互的功能。

Web 服务器一般指网站服务器，主要功能是提供网上信息浏览服务。Web 服务器为发出请求的 Web 浏览器提供文档的程序，当互联网上出现运行在另一台计算机中的浏览器发出请求时，Web 服务器响应其请求，并返回相应的 Web 页面。Web 服务器的工作原理并不复杂，一般可分成如下四个步骤：连接过程、请求过程、应答过程及关闭连接。Web 服务器一般使用 HTTP 与客户机浏览器进行信息交流，因此人们常把它们称为 HTTP 服务器。Web 服务器不仅能够存储信息，还能在用户通过 Web 浏览器提供的信息的基础上运行脚本和程序。由于 HTTP 协议是明文传输的，是数据泄露、数据篡改、流量劫持、钓鱼攻击等安全事件的导火线。为了防止数据在 HTTP 上“裸奔”，通过不断优化和

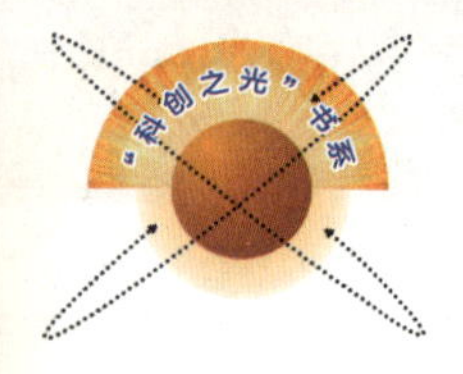

改进，形成了 HTTPS（安全套接字层超文本传输协议）。HTTPS 在 HTTP 的基础上加入了 SSL 协议（Secure Sockets Layer 安全套接层），SSL 协议依靠证书来验证服务器的身份，为浏览器和服务器之间的通信加密，以降低互联网安全事件产生的风险。

应用服务器是能为用户提供业务应用访问和支撑的服务器。随着互联网的发展壮大，“主机 / 终端”或“客户机 / 服务器”的传统应用系统模式已经不能适应新的环境，于是就产生了新的分布式应用系统。相应地，新的开发模式也应运而生，即所谓的“浏览器 / 服务器”结构、“瘦客户机”模式，应用服务器便是实现这种模式的核心技术之一。一般情况下，应用程序驻留在应用服务器上，应用服务器可以让多个用户同时使用应用程序，是目前数据中心最常见的服务器。

为了给 Web 服务器和应用服务器提供相关的数据，形成更加清晰的网络应用逻辑，数据库服务器被设计出来，是数据中心中最常见的数据管理和存储方式。数据库服务器由数据中心中的一

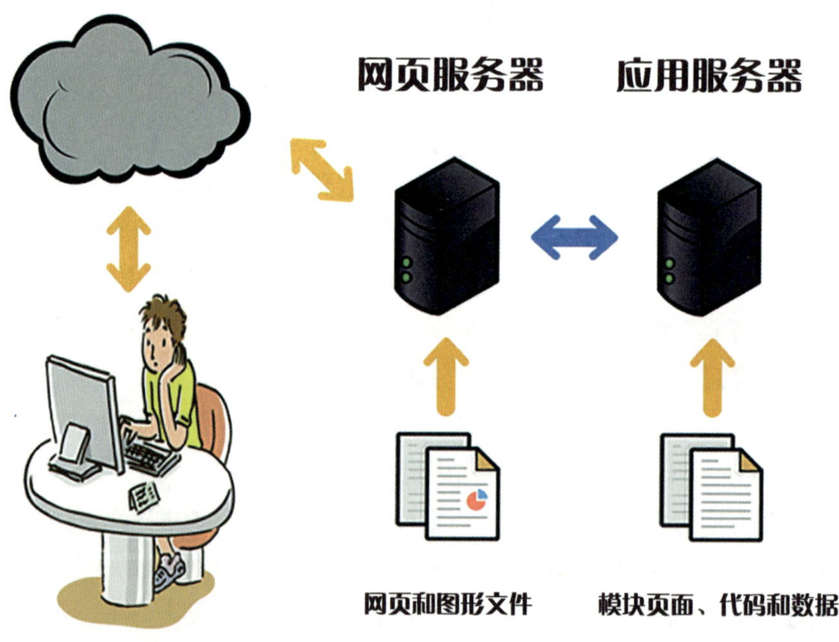

Web 服务器和应用服务器

台 / 多台计算机和数据库管理系统软件共同构成，数据库服务器为客户应用程序提供数据服务。

通过防火墙的隔离、交换机的联通、Web 服务器在应用服务器和数据库服务器的支撑下，数据中心对外提供相关的 Web 服务、应用服务和数据服务，他们组合在一起，构建了网络中一个又一个核心的节点，提供了多功能、全方位的互联网服务。

互联网的“优化指南”

互联网经过 20 多年的高速发展，除了传统的网站对 IT 基础设施的需要之外，还诞生了更多的应用。对于每一个提供互联网应用的公司来说，除了应用程序和网页的开发之外，对服务器等基础设施的需求日益增长。互联网在越来越庞大、越来越臃肿之外，正面临高成本的瓶颈，这些成本至少包括人力成本、资金成本、时间成本、使用成本和环境成本。作为互联网的一种基础资源，如何能像自来水、电、煤气这样的公共资源，按需使用和计费，对互联网的基础设施进行优化，是互联网发展迫切需要的问题。

在云时代，人类与云的距离，不再需要仰望天空，而只需鼠标轻点，指尖滑过；在云时代，云端之上不再是神明，而是充满奥秘的 0 和 1。

云计算是一种基于互联网的、通过虚拟化方式共享资源的计算模式，存储和计算资源可以按需动态部署、动态优化、动态收回。通俗地说，云计算是一种有效解决互联网基础设施资源共享的方式，用户不用再购买服务器，直接在“云”中购买数据中心的计算、存储和网络服务。

云计算是以虚拟化技术为基础、以按需付费为商业模式，具备弹性扩展、动态分配和资源共享等特点的新型网络化计算模式。在云计算模式下，软件、硬件、平台等 IT 资源将作为基础

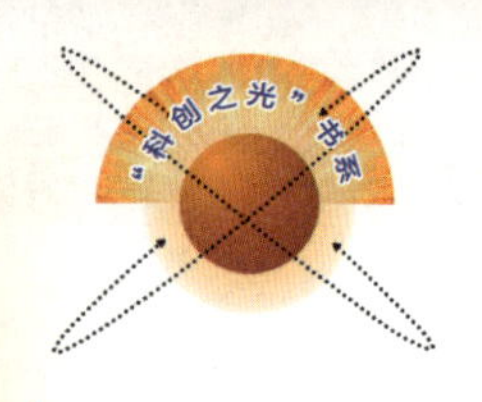

设施，以服务的方式提供给使用者。作为一种新兴技术和商业模式，云计算加速了传统信息产业和信息基础设施的服务化进程，催生大量新型互联网信息服务，带动信息产业格局的整体变革。

虚拟的云朵无处不在

众多 Web 服务器、应用服务器、数据库服务器等都需要在服务器上安家，如果为每一个简单的应用都配置一台服务器的话，势必会造成互联网的冗余和资源的浪费。通过虚拟化技术，解决了资源利用率不高、资源扩展的问题，是互联网“优化”的第一步。

在互联网的应用过程中，要实现“服务器、网络和存储资源”的按需使用、按需交付和按需付费，需要解决的第一个问题，就是将互联网的基础设施进行“虚拟化”，通过虚拟化技术将一台计算机分割为多台逻辑计算机。在一台计算机上同时运行多个逻辑计算机，每个逻辑计算机可以运行不同的操作系统，同时，应用程序能够在相互独立的空间内运行而互不影响，从而显著提高计算机的工作效率。

服务器虚拟化是将服务器物理资源抽象成逻辑资源，让一台服务器变成多台相互隔离的虚拟服务器，使得物理服务器的中央处理器、内存、磁盘、输入/输出设备等硬件资源变成可以动态管理的“资源池”，从而提高资源的利用率，简化系统管理，实现服务器整合，让 IT 对业务的变化更具适应力。服务器虚拟化实际上分为两大类：将多个物理服务器及其资源整合为一台逻辑服务器，或者将一个物理服务器及其资源划分为多台逻辑服务器。前者往往归于传统的分布式计算和网格计算的范畴，后者在云计算领域得到更广泛的应用。

网络虚拟化是在一个物理网络上模拟出多个逻辑网络。目前比较常见的网络虚拟化应用有虚拟局域网（VLAN）、虚拟专用网（VPN）及虚拟网络设备等。虚拟局域网是指管理员能够

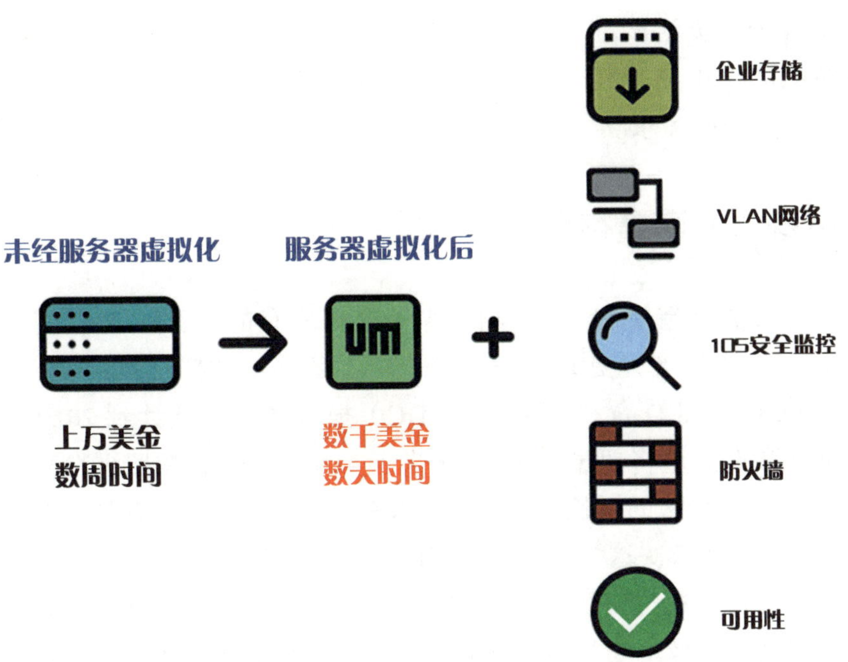

服务器虚拟化

根据实际应用需求，把同一物理局域网内的不同用户，从逻辑上划分为不同的广播域，每一个虚拟局域网相当于一个独立的局域网络。虚拟专用网对网络连接的概念进行了抽象，通过一个公用网络建立一个临时的、安全的连接，是一条穿过混乱的公用网络的安全、稳定隧道。使用这条隧道可以对数据进行加密达到安全使用互联网的目的，可以帮助保护基础设施网络环境，在解决安全威胁的同时，使用户能够快速安全地访问应用程序和数据。

虚拟化是云计算的基石，通过服务器、网络和存储的虚拟化，能够有效地将互联网应用中的基础设施资源打造成一个庞大的资源池，通过上层的云应用，把相应资源变成一个个“虚拟云朵”并且无处不在。当企业和用户需要使用相应的资源时，通过云平台提供的接口和管理端，能够方便地配置资源，最大程度上满足互联网应用等各类具体的需求，实现资源的弹性动

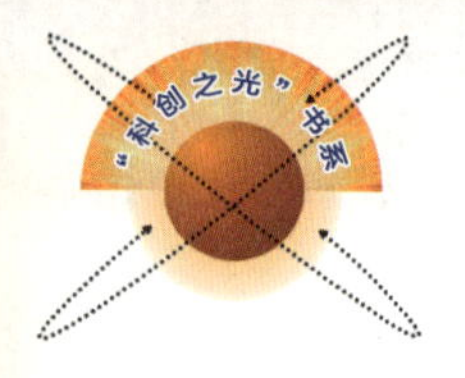

态分配、灵活调度、跨域共享，提高 IT 资源利用率，使 IT 资源能够真正成为社会基础设施，满足不同行业不同领域中灵活多变的应用需求。

小身材的海量存储

人类创造和分享数据的热情前所未有的高涨，互联网应用的蓬勃发展，更是引发了一场数据革命。据国际数据公司（International Data Corporation, IDC）报告显示，预计到 2020 年全球数据总量将超过 40ZB（相当于 4 万亿 GB），按照现在存储容量每年 40% 的增长速度计算，未来数据量将会大于存储设备的总容量，为解决这一问题，云存储的技术应运而生。

云存储通过集群应用、网格技术或分布式文件系统等功能，将网络中大量不同类型的存储设备集合起来协同工作，通过软件的统一整合向用户提供唯一的服务获取出口，具体可以体现为唯一的访问 IP、唯一的管理界面、唯一的操作方式等。保证数据的安全性，并节约存储空间。简单来说，云存储就是将储存资源放到云上供人存取的一种新兴方案。使用者可以在任何时间、任何地方，透过任何能够接入互联网的装置连接到云上方便地存取数据。

云存储系统涉及四层模型。分别是：存储层、基础管理层、用接口层和访问层。

（1）存储层是云存储最基础的部分。存储设备可以是光纤通道存储设备，可以是 NAS（Network Attached Storage，网络附属存储）和 iSCSI（Internet Small Computer System Interface，互联网小型计算机系统接口）等 IP 存储设备，也可以是 SCSI（Small Computer System Interface，小型计算机系统接口）或 SAS（Serial Attached SCSI，串行 SCSI 技术）等 DAS（Direct Attached Storage，直接连接存储）设备。云存储中的存储设备往往数量庞大且分布在不同地域。彼此之间通过广域网、互联网或者光纤通道网络连接在一起。存储设备之上是一个统一存储设备管理系统，可以实现存储设备的逻辑虚拟化管理、多链路冗余管理，以及硬件设备的状态监控和故障维护。

（2）基础管理层是云存储最核心的部分，也是云存储中最难以实现的部分。基础管理层通过集群、分布式文件系统和网格计算等技术，实现云存储中多个存储设备之间的协同工作，使多个的存储设备可以对外提供同一种服务，并提供更大更强更好的数据访问性能。相应的数据加密技术保证云存储中的数据不会被未授权的用户所访问，同时通过各种数据备份和容灾技术及措施可以保证云存储中的数据不会丢失，保证云存储自身的安全和稳定。

（3）应用接口层是云存储最灵活多变的部分。不同的云存储运营单位可以根据实际业务类型，开发不同的应用服务接口，提供不同的应用服务。比如视频监控应用平台、IPTV 和视频点播应用平台、网络硬盘应用平台，远程数据备份应用平台等。

（4）访问层是用户访问云存储的界面。任何一个授权用户都可以通过标准的公用应用接口来登录云存储系统，享受云存储服

<table>
<tr><td>访问层</td><td>个人空间服务、运营商空间租赁等</td><td>企事业单位或SMB实现数据备份、数据归档、集中存储、远程共享等</td><td>视频监控、IPTV等系统的集中存储，网站大容量在线储存等</td></tr>
<tr><td rowspan="2">应用接口层</td><td colspan="3">网络（广域网或互联网）接入、用户认证、权限管理</td></tr>
<tr><td colspan="3">公用API接口、应用软件、WEB SERVICE等</td></tr>
<tr><td>基层管理层</td><td>集群系统分布式文件系统网络计算</td><td>内容分发PSP重复数据删除数据压缩</td><td>数据加密
数据备份
数据容灾</td></tr>
<tr><td rowspan="2">存储层</td><td colspan="3">存储虚拟化、存储集中管理、状态监控、维护升级等</td></tr>
<tr><td colspan="3">存储设备（NAS、FC、iSCSI等）</td></tr>
</table>

有代表性的云存储结构模型

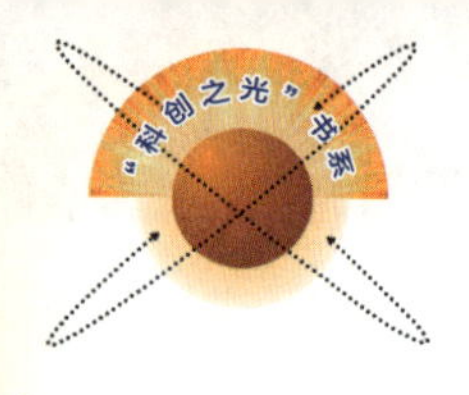

务。云存储的运营单位不同，云存储提供的访问类型和访问手段也不同。

云存储不是存储，而是统一、灵活、安全的存储服务。就如同云状的广域网和互联网一样，云存储对使用者来讲，不是指某一个具体的设备，而是指一个由许许多多存储设备和服务器所构成的集合体。使用者使用云存储，并不是使用某一个存储设备，而是使用整个云存储系统带来的一种数据访问服务，通过云的“小身材”实现数据的海量存储。

化整为零的分布式技术

传统的计算机体系架构，无论是计算、存储还是网络，都是集中式的架构。互联网是一种泛中心化的计算架构，为满足互联网应用中的资源需求，有两种技术方案可以实现。一种是将资源虚拟化实现资源的共享；另一种方案是将计算任务、网络和存储的数据“化整为零”，发送到不同的数据中心和节点进行计算、存储和管理，这就是分布式技术。

分布式技术是一种基于网络的计算机处理技术，与集中式相对应。随着互联网和计算机技术的发展，使得例如计算、存储等任务能够通过软件、硬件相结合的方式划分，发送到不同节点上处理，形成更加强大的互联网服务能力。

化整为零、化繁为简是一种能够有效解决互联网计算、存储和网络的思路。目前解决这种问题最广泛的方式是软件解决的思路，在互联网应用中，分布式计算框架的核心依赖于三个方面：分布式文件系统、分布式计算框架和分布式数据库，这种软件编程的思路，是便于用户能够快捷地使用分布在不同地方的资源，同时保证后台复杂的并行执行和任务调度，并向用户和编程人员展示。

以海杜普（Hadoop）为代表的分布式框架近年来得到了广泛的重视。海杜普是一个能够对大量数据进行分布式处理的软件框架，由阿帕奇基金会所提出并实现。用户可以在不了解分布式底层细节的情况下，开发分布式程序。海杜普以 HDFS（Hadoop Distributed File System，分布式文件系统）、Map-Reduce 编程模型和 Hbase（Hadoop Database，分布式存储系统）为基础，构建了一个可以高效、可靠、可伸缩的分布式处理框架，广泛地应用到当前基于互联网的分布式应用中。

互联网的“进阶计划”

在以云计算为代表的技术创新大幕的衬托下，原本看起来很难收集和使用的数据开始容易被利用起来了。而数据中隐藏着极有价值的模式和信息，在以往需要相当一定的时间和成本，才能提取到这些信息。现在通过互联网互联的传递，各行各业不断地把握良机，技术迭代及创新，譬如**大数据技术、区块链、人工智能、量子通信**正逐步为人类创造更多的价值。

价值创造的互联网

互联网技术的飞速发展，为人们的生活、工作、娱乐带来了诸多的便捷服务，同时人们在使用互联网便捷应用的过程中，也留下了诸多“痕迹”，这些“痕迹”就是互联网中的“大数据”。例如在网络购物过程中选择的商品偏好信息，在浏览网络新闻时关注的板块信息，甚至是与朋友聊天中提及的兴趣点，都有可能被记录下来。可以说，只要使用互联网，源源不断的数据便会产生。每时每刻世界上都会有数以亿计的设备连接互联网，由此可知，海量的数据信息也在不断的累积。因此，可以说我们的社会进入了“大数据”时代，大数据也为各种基于互联网的应用带来了新的价值增长点，利用得当可以更加有效地便捷人们的生活、工作和娱乐。在商业中，数据已成为企业

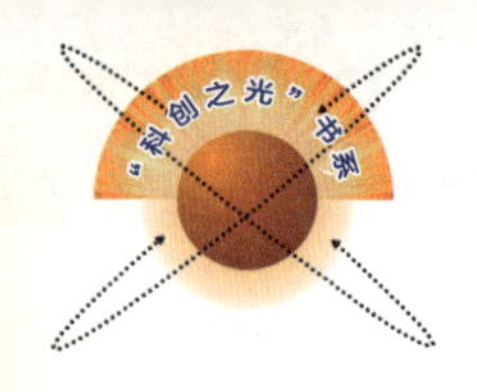

的战略资源，掌握数据并加以合理有效利用成为企业核心竞争力的集中体现。

到底何谓“大数据”？有人说它是一种理念，即大数据打开了一种全新的思维角度，改变了人们的思维方式，从几千年前的“主观主义”“经验主义”转向了“实事求是”“数据驱动”等以数据说话的理念；也有人说大数据是一种方法，即大数据是我们认识世界的一种方法，是一种研究手段或一种发现新知识的工具，透过大数据，我们能够更全面和深入地了解世界、认识世界；还有人说大数据是一种技术，即大数据代表了新一代数据管理与分析技术，相较于传统的数据方法，大数据技术在大幅度提高处理效率的同时，数据应用成本也成倍降低。

以上的三种看法基于大数据不同视角得出的不同结果，我们可以说大数据是新理念、新方法、新技术的有机混合，正是这样的新兴事物为互联网的进阶发展带来了许多机遇。首先，作为一种新的理念，大数据改变了政府、企业甚至个人的思维方式。大数据知道我们的“生辰八字”，知道我们的喜怒哀乐，知道我们的过去与当下，甚至知道我们的未来将去往何方。这种全新的理念使得人们更加认识到互联网的重要性，在全社会重新审视大数据价值的同时，数据已经被视为一种独特的战略资源，对互联网的进阶发展具有积极的推动作用。其次，作为一种新的方法，政府采用大数据来改革社会治理模式，进而提升服务水平；企业采用大数据创新商业模式，从而提高竞争力。社会各界纷纷投入到大数据领域，寄希望于获得更多的价值，而这些人力、物力、财力的投入和充实也极大地提升了互联网发展速度。最后，作为一种新的技术，大数据提升了传统数据处理方式方法的效率，探索出从各类海量数据中快速获得有价值信息的途径，数据采集、存储、分析、挖掘及展示等技术创新极大丰富了互联网技术内涵，使得互联网技术发展更上一个台阶。

大数据最重要的意义在于价值实现，站在大数据的理念下，基于大数据技术，采用大数据方法，充分释放大数据的决策能力、洞察能力、价值创造能力，进而为社会及个人带来更加高效便捷的服务，这也与价值创造的互联网所追求的目标不谋而合。

相互信任的互联网

互联网是个虚拟的世界，在这个虚拟的世界中，我们享受到互联网技术带来的诸多便捷服务，同时也要保持一定的警惕性，因为我们看不到虚拟世界的另一边，我们无法通过面对面的交流来判断对方是否值得信赖。如何解决基于互联网各类应用中的信任问题，通过建立一套机制和方法，建立互联网上的相互信任，使得双方之间的交易互信，交易记录不可篡改，交易信息透明公开、可以追溯，是互联网进阶计划中有意义的研究课题。

区块链是能够解决信任问题的具有颠覆性意义的技术，近年来吸引了社会各界的目光。区块链是分布式技术、非对称加密、共识机制、点对点传输等信息技术的集成应用，具备五个明显的特征：去中心化、开放性、自治性、信息不可篡改、匿名性。区块链具有重要的社会价值和意义，不少学者将区块链技术看作下一代云计算的雏形，是推动信息互联网向价值互联网转变的重点之一。产业界也纷纷加大投入力度，积极探索推动区块链的应用，从金融科技应用开始，逐步延伸到物联网、智能制造、供应链管理等领域，有望引发新一轮的技术创新和产业变革。

区块链并不是一种新兴的技术，它其实是建立在前一阶段互联网的各种技术之上，例如分布式技术、加密、共识机制、点对点传输等，它更像是一个系统工程。分布式技术使得互联网的处理能力能够分布到网络中、通过加密保证通信过程中可靠、通过

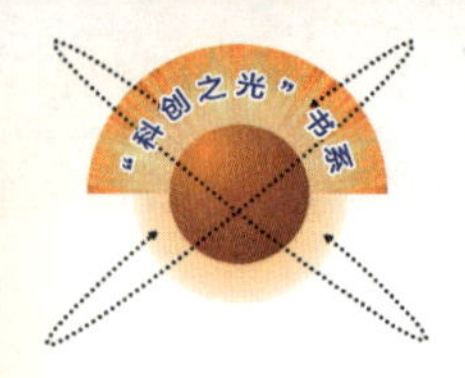

共识机制实现多方达成结果一致，这些技术的创新和融合，构建了可靠、信任的分布式公共账本，结合泛中心化、不可篡改、稳定开放的特点，实现了互联网的相互信任。

智能智慧的互联网

在 Web2.0 时代，随着互联网技术的更新换代，新兴技术和理念的不断涌现，互联网服务内容和形式更加的丰富，原本传统的或线下的业务和服务业被更多地拓展到了互联网上，可以说是对传统生活及工作模式的又一变革。在互联网应用过程中，所有的业务逻辑、业务流程，都是按照固定的方式展开，那么从信息互联网到知识互联网，是当前重要的发展趋势。在这一趋势下，如何引入更加智能的手段，将互联网变得更加智慧，也是未来互联网发展的重要方向。

人工智能（Artificial Intelligence），英文缩写为 AI，它是研究、开发用于模拟、延伸和扩展人的智能的理论、方法、技术及应用系统的一门创新技术科学。人工智能是计算机科学的一个分支，它企图了解智能的实质，并生产出一种新的能以人类智能相似的方式做出反应的智能机器。该领域的研究包括机器人、语言识别、图像识别、自然语言处理和专家系统等。人工智能从诞生以来，理论和技术日益成熟，应用领域也不断扩大，可以设想，未来人工智能带来的科技产品，将会是人类智慧的“容器”。

传统的互联网服务更多的按照预先设计好的模式和方式开展，所谓人工智能即可以理解为模仿人脑的思维方式，根据所处的环境，做出类似于人类行事方式的选择，包括推理、知识、规划、学习、交流、感知等，这是更具挑战性的领域，将会给社会带来非常重要的影响。2016 年 3 月 9—10 日，AlphaGo 迎战围棋界顶级高手李世石，再次完胜。一棋激起千层浪，围棋的变化如恒河沙数，一直是人类最引以为豪的智力游戏，如今却被程序无情地攻破。随后，2016年底升级版AlphaGo——Master横空出世，在围棋网站上小试牛刀，战遍中日韩顶尖高手，求一败而不得。

更快更安全的互联网

互联网的使用过程中，比较能够直观感受到的是网速的快慢、信息传递效率的高低等，例如下载电影的速度从几十KB/s到现在的几十MB/s，未来可能还会变得更快。在未来的发展中，互联网的通信速度、效率和安全是提高用户体验度的重要方面，也是互联网领域一直以来的研究热点。虽然经过几十年的发展，互联网在速度和安全性方面都有了极大的提升，但在现有的计算体系下，要想在速度和安全等方面产生质的改变还需进一步探索。

量子通信是指利用量子密钥分发系统对多个通信节点进行组网，实现各节点间全互通、无中继的安全通信方式。利用各节点间产生的量子密钥可以对传统的语音、图像和数字多媒体通信数据进行加密和解密，从而实现安全的通信。我们在一些谍战片中看到过，为了窃听对方的电话，间谍直接爬上电线杆，然后把窃听设备接头插在电线上，就能截获电话信息，并且对于通信者而言，根本无法发现有窃听者的存在。而量子通信则能够很好地解决通信安全的问题。因此量子通信的密码不是预先规定的，而是在通信的时候随机产生的，进而可以保证这样的密码不可能被窃听，也不可能被破解。除了安全保密外，“神速”也是量子通信的另一大优势。传统通信的算法基础是0或1，而量子通信是量子单元，不仅含有0或1，还有0和1共存的状态，所有单元可同时完成逻辑运算，同时完成多重任务。量子计算机的这一特性，注定了量子通信的速度将比现在的通信速度更为高速。例如，4G网络延迟时间为50毫秒，无线电信号从火星传到地球要延迟十几分钟。而采用量子通信技术，

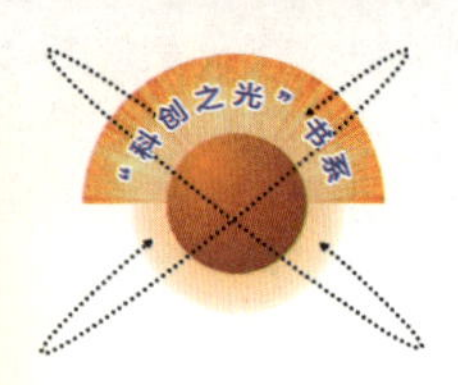

不会受到传输距离的影响，能够消除延迟现象，实现“即时”通信。

显而易见，量子通信在互联网信息领域中有着独特功能，在提高运算速度、确保信息安全、增大信息容量等方面，将突破现有互联网的极限。量子通信可以从根本上杜绝窃密，确保信息安全，并能够极大提高信息处理速度。量子通信大规模推广应用后，“量子互联网”的概念将成为可能。

互联网与我们

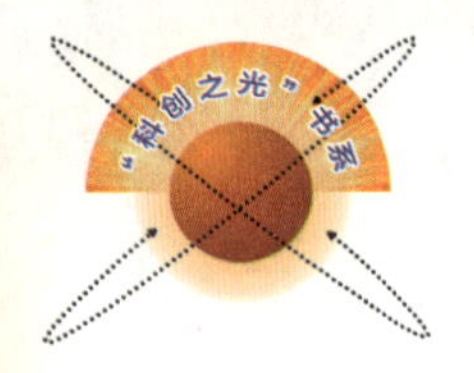

全球科技创新的浪潮从未停息，继工业化、电气化、信息化之后，互联网成为全球科技革命的又一次突破。让信息自由传递、让资源自由交换、让知识自由分享、让人类自由生活，当前的时代，无论是学生、上班族还是老年人，都享受到"互联网+"带来的"以人为本""新"生活！

互联网与我们

"蜕变"的校园

在过去的20年里，校园信息化经历了数字化、网络化、移动化三大阶段，"互联网+"时代到来，引领着校园信息化进入深度融合创新阶段。校园作为充满创新活力的前沿阵地，学生、教师、家长纷纷加入"互联网+"大潮中，校园生活在互联网的催化下，发生着翻天覆地的变化，在从小学到大学各个阶段、各个年龄层次，校园的学习、教学、生活等方方面面离不开互联网的影子，个性化、多样化的潮流催生了校园生活更新、更好的"蜕变"。

“蜕变的”校园时代

互联网要从娃娃抓起

从跨入 21 世纪开始，互联网就开始渗入到校园生活中，特别是近十年来，基于互联网的学习、生活方式深刻地改变着年轻的一代。据中国互联网络信息中心统计显示，截至 2016 年 12 月，中国网民以 10～29 岁群体为主，占整体网民的 50.5%。其中，10 岁以下“小网民”占比逐年提升。越来越多的小朋友，似乎从出生开始就被互联网所包围。从牙牙学语开始，就已经接触手机、Pad 等互联网终端设备，上网查新资料，利用微博、微信和同伴交流，通过网络看电视剧等，互联网无时无刻在影响着青少年群体。

在基础教育阶段，学习载体、学习资源已经发生历史性的变化，从书本到电子书包，从家教到“点读机”，其背后隐

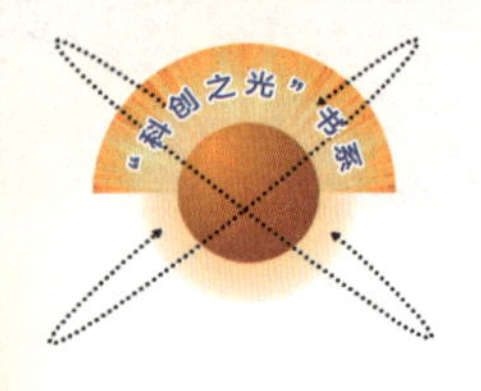

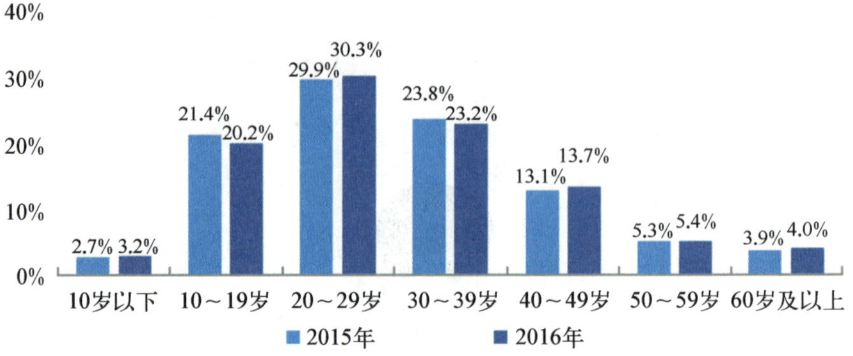

2015—2016 年中国网民年龄结构

（数据来源：CNNIC）

藏的都是“互联网 +”时代整合的平台化资源，是新媒体技术、人机交互技术等新一代信息技术融合的产物。因此，互联网要从娃娃抓起，是当前互联网发展浪潮中的大势所趋，是培养未来互联网中坚力量，建设健康、有序、安全互联网的重要基石。

电子书包 在“互联网 +”时代，教育是传统“拜师学艺”模式的演变，学习知识和提升能力的途径，已经从“言传身教”向全方位知识获取的方向发展，教育媒介也从纸质模式向电子化、互联网转变。

曾几何时，随着课业增加，书包越来越大、越来越重，各种教科书、辅导书等被塞进书包，青少年学生的幼小身躯正如小树苗般被压弯。当书包经过“互联网 +”的洗礼，书包的重量也随之减少了，电子书包成为知识的宝库，相对于厚重、携带难、查找难的书本资源，电子书包有着显著的优势：多样性、便捷性、共享性、时效性、丰富性。

学生们每天只需要携带电子书包上学，教科书、辅导书、测试、作业、讨论等都在电子书包里，师生之间、同学之间可以随时随地互动交流。课前，学生们可以通过电子书包积极完成老师发布的个性化教学案例或测试，也可以在线参与老师或同学发起的讨论。课中，学生们不再是被动地听讲，而是带着问题听课，

电子书包

主动参与小组讨论、进行合作学习。课后，不仅能够在线完成作业，而且能够自主拓展。电子书包能够更充分地记录下学生们在学习过程中所遇到的各类问题，通过随时与老师的沟通交流，解决了课堂、课外等各类问题。

从补课班到“点读机” 学习的多样化，催生了家长和学生家长对学生全方位知识掌握的需求。在很多人看来，课堂的知识远远无法满足学习的希冀，各种补课班成为家长的首选，学生参加各类补课，有校内知识、有提高自身能力的课外辅导班，例如奥数、英语、口语等各类辅导班。放学要去补课、周末要去补课、寒暑假更是必不可少，成为一种社会常态。

补课在某方面提升了学生的成绩，但也占据了学生们的课余时间，而家长接送学生补课的路程时间、补课过程中家长的等待时间，不断消耗着家长的精力。为了解决这一问题，“点读机”应运而生，针对小学、初中学生的主要功课，采用彩屏多媒体技术，同步下载名师课件，帮助中小学生全面提高学习成绩。

点“学”机——哪里想学点哪里

学生在家也能随时参加辅导班。另一方面，各种基于互联网的学习平台不断衍生，通过整合学校和教育机构的课程资源、教学活动等，形成了一个硕大的资源库，教学课件、教学视频、课程辅导、兴趣爱好开拓应有尽有。无论何时何地，只要有网络，就可以在这个资源库中任意地畅游，更重要的是，学生可以结合兴趣爱好和特点，有针对性地学习所需要的课程，结合案例分析及各种实战宝典，为教育提供有益的补充，从补课班到点读机，是互联网弥补课前课后预习、学习的有效实践。

校园生活一“网”通

除了学习之外，学生在校园生活、文化生活中同样离不开互联网的影响。利用互联网平台，可以将繁杂的日常活动中的各种信息、通知、选课、缴费等事务，整合到一个“校园通”信息管理平台之上。另一方面，校园内的社交，更是大学生创新的沃土，网络让学生乐于分享自己的点点滴滴，移动互联网的发展将其范围拓展到移动手机平台领域，借助手机的普遍性和无线网络的应用渗入生活的方方面面。

数字化校园 书本不想翻？手册不好懂？如何让新生更好地了解大学生活？现如今，互联网也许是一种更好更便利的媒介方式，通过互联网这一媒介，让刚踏入大学校园的同学们通过校园服务平台感受到不一样的大学生活。

与传统纸质的新生手册相比，网页的浏览节省了大量的纸质消费，保护环境；与平面的手绘漫画相比，丰富多彩的视频也许更加富有吸引力；与固定不变的手册内容相比，网络平台定时更新更具活力。除此之外，"互联网 +" 更是在入学指导方面的一个新的存在。校园服务平台将互联网技术运用到学生管理，入学指导等多个方面。这种新颖的模式不需要下载任何 APP，只需要点击网站或扫描二维码的方式就可直接进入，从而实现随时随地向每一位新生提供方便快捷的引导与服务。平台上内容贴近学生的生活和学习，并以视频和文档的形式向新生们介绍专业及就业前景等，除此之外，学生们还可通过校园服务平台直接完成学费的缴纳、校园卡充值等日常生活琐事。

校园朋友圈 曾经担任 NBA 总裁 30 年的大卫斯特恩说过："我们为自己代言，我们有自己的声音，并且能让世人知晓"，如今的学生们不再拘泥于自身的小小生活圈，更喜欢通过微博、微信、论坛等平台分享自己的观点、表明态度、晒技术等，让网络上志同道合的、认识或不认识的人们可以通过网络了解"我"，知道"我"，关注"我"。当前的"网红"、自媒体人罗振宇说："互联网思维之所以被寄予期望，是因为在当今这个社会，每一个人都是自媒体人，每个人都可以作为碎片参与其中。"自媒体是移动互联网时代的有效连接，也是一种生活方式。

当下高校可以通过 BBS、个人网站、博客等形式扩大校园文化活动的范围，学生们利用课余时间在网络上组织各种主题教育活动，在一些思想教育平台和校园论坛上发帖、灌水、讨论各种感兴趣的话题，而网络的互动性和平等性也使得师生之间有了一

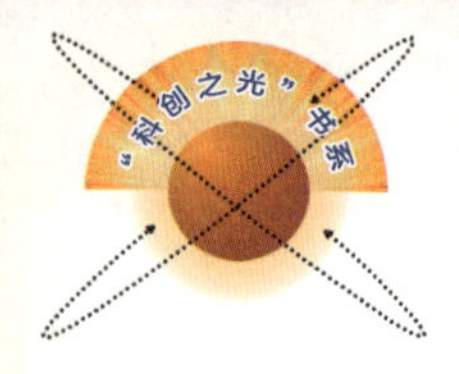

种轻松、愉快讨论聊天的话语氛围，大大激发高校师生参与网络活动的创造性和积极性，同时也潜移默化地培养了学生的独立个性和主人翁意识。除此之外，学生们通过高效平台，参与一些社团活动、学术研讨、专题报告、讲座等活动并发表自己观点，每一个人都可以打造自己校园生活的朋友圈。

我的专业我做主

对于20世纪60—70年代的人来说，考大学就只有一个目的，只要考上大学就有工作，就有饭碗，而且是铁饭碗。然而，现在上大学的目标更加的多样化：不仅仅为了谋生、更重要的是一种学习的方式、一种看待世界的方式、一种选择未来自己职业方向的过渡和桥梁。

相比传统的大学教育，当前的选择大学专业的过程越来越清晰。一方面，网络信息的发达，使得学生对各类专业有了更多的了解，更重要的“互联网+”催生传统业态的革命性变化，新型工作岗位和职业需求，促进高等教育和职业教育阶段，专业设置的不断创新和融合，复合型的人才越来越受欢迎，新的专业不断出现，为学生们提供了更多的选择。

互联网+传统专业 “互联网+传统专业”是当前的大势所趋：在过去的近十年，互联网大大改变了传统广告、媒体、电子商务等行业，行业的改变对于新型人才、技术的需求也在不断改变。

以媒体行业为例，互联网+媒体促进了新媒体的产生。新媒体又称网络媒体，是利用数字技术和网络技术，通过网络和卫星等传播渠道，以电脑、手机及其他数字接受设备为终端进行信息传播的新媒体形态。新媒体专业融合计算机、传媒、艺术、文化等多种学科的核心内容。这些内容不是单一的传统媒体专业的学生或者计算机专业的学生所能胜任的，其所带来的改变是整个行业人才的改变，以各大型门户网站、网络公司、网络媒体等公司的人才都需要这种转型、对复合专业型人才的需求量不断增加，引领着大学教育传统专业变革的步调。

其他各大学科、各大专业的情况类似，一方面，以计算机、互联网代表的学科成为各个专业的基础学科和工具学科，另一方面，这些学科和IT技术的有机融合，为互联网+传统行业的深度变革带来更多的机遇和挑战。

新型专业的到来　2017年1月20日，中国新闻网报道了中国传媒大学开设电竞专业的消息，引发关注。该校招生办相关负责人向记者证实，将在数字媒体艺术专业中，新设数字娱乐方向，旨在培养电子竞技管理与游戏策划方面的人才。曾经被人百般诟病、认为是“不务正业”“荒废学业”的电子竞技，终于被正名，开始走进高校课堂，成为一种专业。事实上，不少人将电子竞技同网络游戏混为一谈，这是不客观的，电子竞技就是当前“互联网+”的新型专业的代表。电子竞技是以信息技术为核心，以软硬件设备为器械，在信息技术营造的虚拟环境中，在统一的竞赛规则下，进行的对抗性益智电子游戏运动。电子竞技作为一

电子竞技

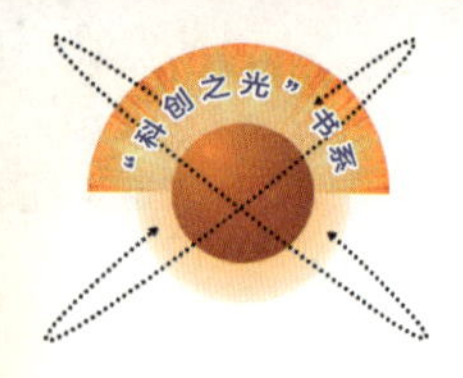

项体育项目，可以锻炼和提高参与者的思维能力、反应能力、协调能力、团队精神和毅力，以及对现代信息社会的适应能力，这与传统体育的本质和精神是一脉相承的。

互联网金融是近几年的热点，互联网金融是典型的现代金融行业与互联网的融合，将互联网技术应用、扩展和支撑传统的金融体系，给金融行业带来了前所未有的机遇和挑战。互联网金融的专业人才需求也被社会大众所重视。然而传统金融行业的人才，大部分来自传统银行行业、销售行业等，这从根本上来说无法满足互联网金融行业对于人才的需求。因此，为了促进互联网金融快速、稳定的发展，为互联网金融产业提供人才支撑，越来越多的高校开设了互联网金融相关专业，提升了互联网金融复合型专业人才的技能。2015 年，中央财经大学首开互联网金融专业本科、浙江大学首开互联网金融博士培养，这都是在互联网发展的大趋势下，诞生的新型专业。

这些新型专业的产生，充分体现了“互联网 +”思维下，高校在专业设置和创新方面的探索，这将推动互联网向经济社会各领域加速渗透，以融合促创新，最大程度汇聚各类市场要素的创新力量，推动融合性新兴产业成为经济发展新动力和新支柱，为国家培养新型复合人才。

小贴士

电子竞技新型专业

根据艾瑞咨询发布的《2016 年中国电子竞技及游戏直播行业研究报告》显示，目前中国电子竞技行业已经进入成熟期，电竞用户高速增长，预计 2016 年电竞整体用户规模将达到 1.7 亿个；2015 年端游电竞市场规模为 269 亿元。而国内无论是选手、俱乐部、赛事、直播平台，这些电竞核心领域，都需要专业素养高的人才。2016 年教育部宣布增设“电子竞技运动与管理”专业，为电竞市场培养专业人才。

“多彩”的工作

“互联网＋工作”时代的到来，不仅表现在互联网渗透于人们工作的方方面面，更举足轻重地定义或改变着人们就业、择业、创业的意识、工具和方法。作为互联网时代下的“主力军”——工作族，互联网不仅仅改变着工作方式，更是用互联网思维和理念重塑每个人的职业发展。由“互联网＋工作”所引发的新产业、新模式和新思潮，创造了更加丰富多彩的工作，成为这个时代最亮丽的风景之一。

我的新就业时代

我与伯乐“在线”牵

以前大学毕业找工作可不是容易的事，需要眼观六路、耳听八方，不仅要紧张兮兮地关心刊登在学校海报、新闻报

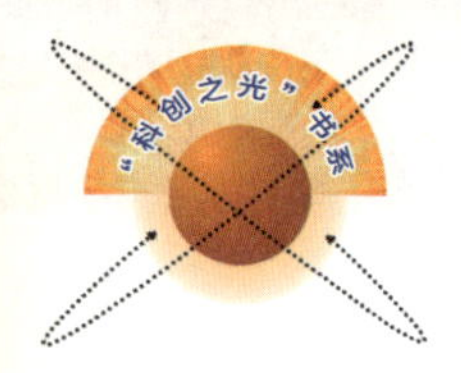

纸等关于招聘会的信息，更要牢记亲戚朋友私下关系打听到的“你不能不知道两三事”，而这些还只是前期准备，打印个人简历、跑招聘会、以发传单的方式投递简历，才是重头戏。“互联网 +”的时代，便捷的信息传递方式、精确的信息推送、工作选择的多样化等，潜移默化地改变着我们的求职之路，我和伯乐“在线”牵。

招聘信息对等化 据赶集网的网络招聘分析报告显示，目前已超过 90% 的企业会通过网络进行招聘，也就是说，互联网已经成为招聘最重要的渠道，不仅仅让求职者和招聘方供求信息公开对称，还简化找工作和招聘这些事儿的“工作量”。让求职者腾出更多时间精力，细细思考自己的择业观。

互联网之所以能够实现招聘信息的对称化，一方面得益于互联网信息的公开与透明，求职者和招聘方能将岗位需求信息发布在各类招聘网站上，让供求双方互相了解，双向匹配，减少求职者信息不对等、无效的海投乱投，以及费时费力的东奔西跑。求职者只需登录招聘网站，浏览或检索感兴趣的职位，线上直接投递简历即可。投递的记录、投递的进度、企业的反馈等，都可以

各大垂直类招聘平台

通过网络平台，随时随地一目了然地全程掌控。另一方面，网络平台招聘的讨论社区，可以给招聘者关于求职须知、面试答疑、经验分享，以及公司行业等方面的讨论，让求职者们在漫漫求职路上多了很多共鸣和帮助。

招聘的互联网化，使得招聘的过程日益专业、丰富和人性化，不只是为了让求职者更有目标性地找到合适的工作，还能让企业能够主动找到合适的基层员工和管理人员，最大限度地利用好线上资源，双向推荐，协助企业和行业内的人才建立联系。

择业心态多元化 按照传统的就业思维，工作应该“从一而终”，即在一家企业里安心工作直至退休。“骑驴找马”“我想做自己喜欢的工作”“希望寻求职业发展”都常常被长辈冠以“不安分”“太年轻”“想太多”的标签。互联网时代使得人们的观念不断改变，不断更新着对事物的认识，工作族在自我提升的过程中，不断重新审视自身并调整规划自己的职业理想，越来越多的职场人士开始转变态度，尝试和践行着新的择业观念，从扎堆考公务员和外企，到现在平淡心态看所有的工作机会，这都是择业

“新”择业观

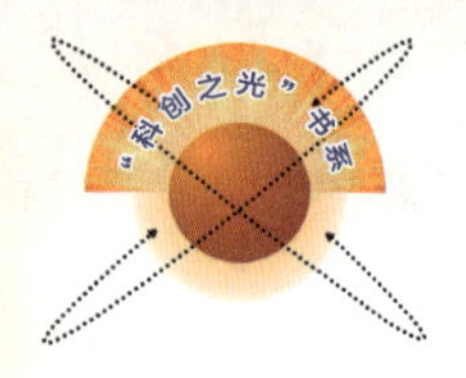

观念在"互联网 +"时代最大的改变。

工作选择创新化 乘着"互联网 +"的东风，那些老眼光看上去"不是正经行当"的新型职业角色应运而生，大步从边缘踏上舞台中央，并逐渐被市场和大众接受推崇，从"非主流"摇身变成"行业新贵"。

"新"三百六十行

比如说，2005 年在网上开一个店，做个店主、店小二绝对是个新奇的职业，而如今仅仅阿里巴巴旗下的淘宝网的统计结果显示：淘宝网的个人卖家数量在 600 万家左右，企业卖家也达到近 2 万家。个人卖家 / 网店店主随着市场的火热数量猛增，正潜移默化地改变着消费渠道和商业布局。另一方面，在游戏行业，职业电子竞技玩家、职业游戏解说员、游戏设计师、游戏开发工程师等成就了一部分人的梦想，基于各大网络交流平台，更是造就了一大批网红、自媒体人、网络主播、网络作家、新媒体运营师等富有创意的新职业。

新型职业的层出不穷，不单单是互联网大环境单向创造的，更有当代年轻人在这个环境下就业思维转变、迎合时代热点市场痛点造就的，是未来“新三百六十行”的主力。

“互联网 + 工作”进行时

2015 年 8 月 12 日，波士顿咨询公司的研究报告《互联网时代的就业重构：互联网对中国社会就业影响的三大趋势》指出，仅 2014 年，互联网行业在中国就直接创造了约 170 万个就业机会。随着互联网的深入发展和应用，其业务范围由原来传统的互联网业务逐步渗透至线下的行业，进一步创造了大量的岗位需求。另一方面，随着互联网用户的规模化增长，用户对互联网依赖日益增强，社群化、共享化等新模式、新业态相继产生，与此对应的是，工作模式以及工作过程中相关的管理、协作、沟通等也发生了颠覆性的变化。

拥抱工作“新模式” “互联网 +”将经济社会各领域与互联网融合，形成以互联网为基础设施和创新要素的发展新形态，线上线下模式、社群模式、共享模式的提出，成为当前构筑经济社会发展新优势和新动能。

O2O 平台模式——传统平台模式的升级： O2O 商业模式（Online To Offline），即是指将线下的商务机会与互联网结合，让互联网成为线下交易的前台。不像传统企业或公司封闭的“一个萝卜一个坑”，追求产品和服务的过程中带来的职能细化，让更开放更包容的 O2O 新业态，解决新形势下的就业问题。

O2O 带来的联动就业其实随处可见，最突出的代表莫过于近些年大量出现在街头巷尾的快递物流人员。百度掌门人李彦宏曾提到：“移动互联网时代来临之前，在中国并不很流行叫外卖，但如今叫外卖是非常流行的事。百度外卖和它旗下的 5 万多名外卖送餐员，每日为数以百万计的人送外卖！”确实，类似百度，还有京东、饿了么、淘宝、携程等众多互联网公司和转型企业，都雇佣了数万的销售人员、外送人员和在线客服，这正是互联网

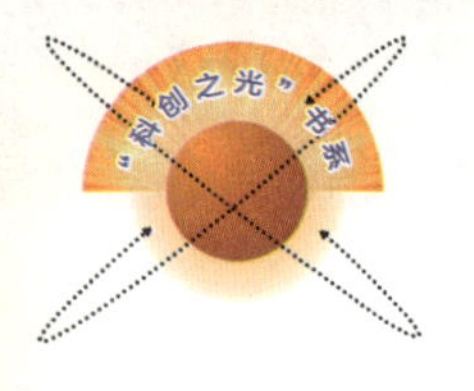

O2O 新就业模式

发展为就业创造的新平台。

另外，基于平台化的进一步拓展和管理，一批 O2O 自由职业者迎合需求应运而生。他们借助互联网平台，不用再受制于传统的店铺或公司这个实体平台，更灵活更效率地分配工作时间，更直接更有效地获取客户资源。目前 O2O 自由职业者已经覆盖了生活服务、家政保健等各个领域，比如家政、维修工、代驾、家教、洗车保养师、月嫂、按摩师、摄影师、美容师和美发师等，职业门类可达数百个，“平台型就业”正使得自由工作者群体扩大，改变了传统的雇用模式。

社群模式——打造用户体验的便捷之路：社群，基于社交关系链，将具有共同兴趣、爱好的同路人圈定在一个群体里，具有稳定的群体结构和较一致的群体意识。伴随着身份验证、地理位置等技术的发展，很大程度上增加了社交的真实性和信任感，使得原先互联网社区的弱关系加强，将线上互动和线下生活融为一体，因此而聚集的用户群体，被称之为“社群”。

有社交的地方就有人群，有人群的地方就有市场，社群经济

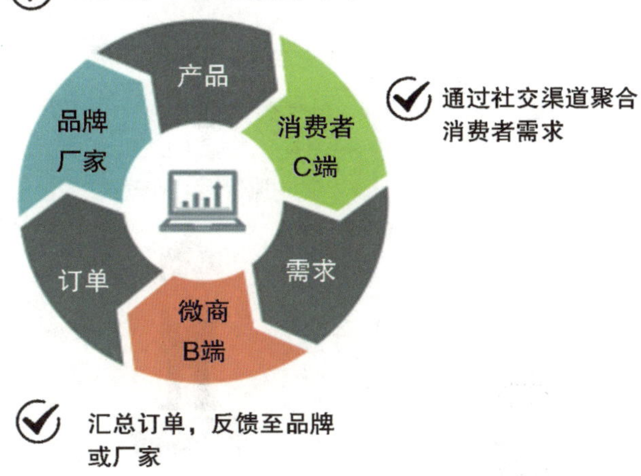

社群模式及应用——微商

就自然演变为互联网时代的经济学。互联网及移动互联网的发展逐步成熟、在线支付系统逐步完善、互联网群体的年轻化、用户需求和社交方式的改变，以及网络社群的“长尾效应”等，助力推动了网络社群经济的迅猛发展。

微商，就是社群模式的一个典型代表。微商的社交属性使其具有快速反应，平台协作的能力，加之商品品类丰富、异质性的特征使其或将在个性化需求定制的生产领域率先突破，引领变革潮流。相对于传统厂家和传统电商，微商的B端在定制化生产和销售领域更为灵活，主打个性化、异质化程度高且无法量产的商品，如创意类产品及单价高、可定制化的奢侈品。

中国网络社群经历十几年的发展，已经从最初以聊天为基础的通讯时代迈入网络互联的“社群时代”，并逐渐成为改变中国未来经济形态的新经济模式。未来，这种新的连接方式和协作方式，在优化运营质量、提升商业价值方面，势必还有巨大空间值得开拓。

共享模式——将共享进行到底：共享是什么？原本企业或个人的控制是一种独占，然而随着信息技术的发展，一些原本难

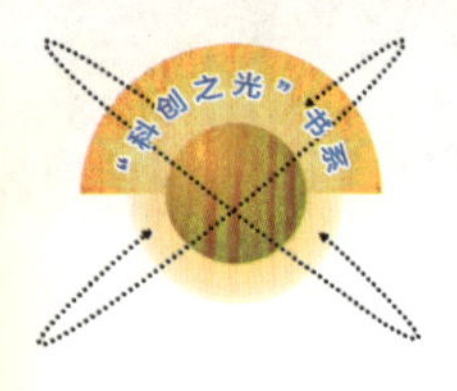

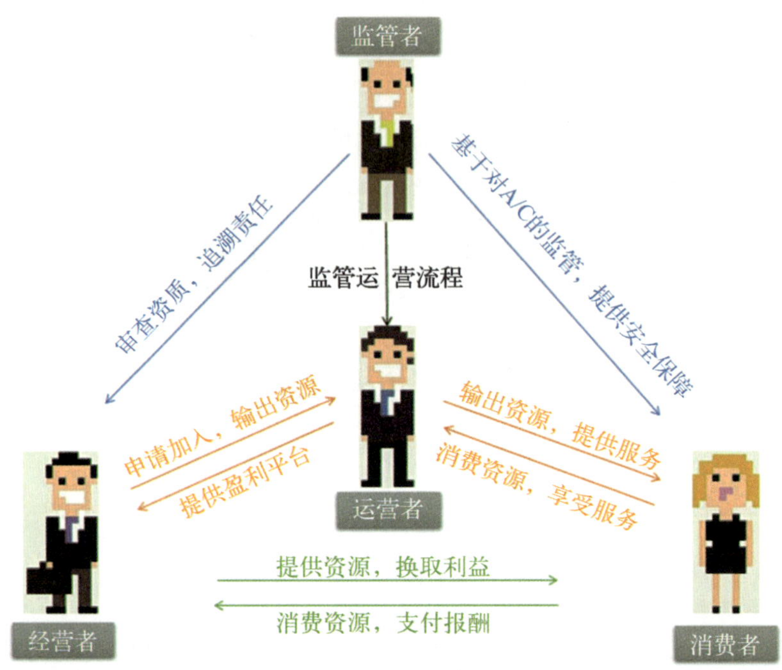

共享模式及其应用

以计量的资源，可以信息化便于计量，并最终将这些被控制的资源，通过市场进行配置的手段重新释放出来，预期对应的经济形态被称为共享经济（sharing economy，又称分享经济）。

将闲置的资源共享给别人，提高资源利用率，并从中获利的共享经济核心理念，然而这种理念听起来容易，实现起来涉及方方面面的因素，其中最重要的难点在于两个地方：一是如何解决资源的碎片化管理和组织，二是如何实现资源的有效对接。

“互联网 +”近乎完美地解决了这个问题，互联网以自身与生俱来的平台性、扁平化和透明性，有效地解决了资源的碎片化管理、灵活组合、按需调配等实际问题。目前共享经济领域已经涌现出了一系列代表性的行业，如出行、住宿、餐饮、知识 / 技能、共享办公、物流众包等。

2017 年，全国“两会”首次以提案形式将“共享经济”带入公众视野。李克强总理在政府工作报告中，强调要大力推动包括共享经济等在内的“新经济”领域的快速发展。甚至有人大胆预言，共享经济将成为促进经济增长的新动能，助力服务业成为拉动中国经济的主引擎。

打开办公“新姿势” 传统信息化的基础上，思维的创新加上科技的支持，让上班族们开启了各种酷炫的办公“新姿势”。越来越即时的沟通工具，更随心所欲的办公场地，智能化的管理决策和办公管理的协作模式，正一步步将复杂乏味的工作变得简单有趣。

沟通方式：工作任务的传达从最初的面谈到电话，再从邮件到微信、QQ，作为职场人士，不可否认多样的沟通工具让职场人生变得多样起来。另外，作为职业人会议是开展许多工作的重要一环，远程会议利用现代化的通讯手段，实现跨区域召开会议的目的，让沟通更高效更经济。

工作场所：人们能在任何地方工作了。所谓“无处不在的工作空间”，是指一个能让工作者无论身在何处都能开展工作。办公空间和资源也很可能将会在更大程度上被人们共享，或是人们可能只需要在餐桌前工作，不需要更多的办公空间。如众多的互联网公司开放式办公，根据每天的工作安排，凭着工作卡号，提前通过网络预约办公位，每天可以与不同的同事为邻。

智能决策：领导者决策的制定将更理性和客观。智能决策支持系统是人工智能（AI，Artificial Intelligence）的深入应用，通过人工智能相关决策支撑技术，模拟和仿真人类思考问题的过程，在战略制定、商务谈判、营销策略、安全管控等领域，通过过程性知识、求解问题的推理性知识等，协助解决工作相关的辅助决策问题。

协作管理：企业办公协作管理，包括工作任务、日历、审批和考勤等协同应用，随时随地使用办公终端，发送工作消息、更新工作动态、跟踪工作任务、协调工作日程、共享工作文件，不断提高企业成员之间的沟通与协作效率，进而提升企业核心竞争力。

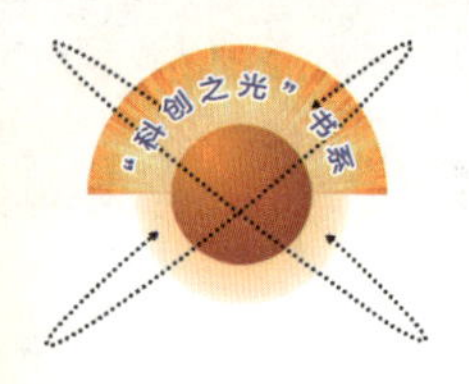

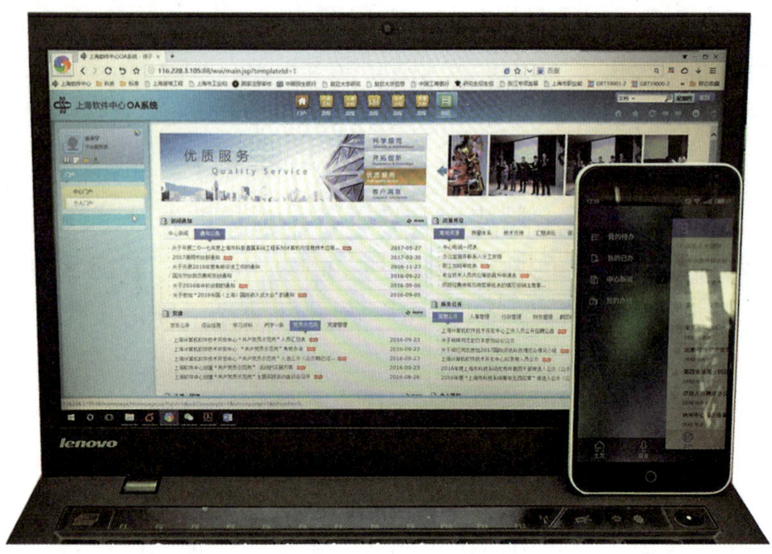

新的工作协同方法

从就业到创业

2015 年全国“两会”政府报告中，李克强总理提出“要把亿万人民的聪明才智调动起来，就一定能够迎来万众创新的新浪潮。”由此“大众创业，万众创新”浪潮成为时代的热点。“互联网 + 创业”，不走寻常路，开启了“自我代言”“孵化养成”和“新上山下乡”等模式，引发了新一轮的创新创业浪潮。

“自我代言” 在传统行业，想要创业，资金、人脉、能力等缺一不可，产品、技术、创新、营销和团队是成功的几大要素。在互联网时代，创新创业的关键因素发生了质的改变，借助互联网技术，以及口碑营销传播的手段，成为互联网创业中至关重要的因素之一。对于初创期的企业，往往没有足够市场预算去推广项目，需要巧妙地借势而行，调动网络社交的口碑力量，通过资源整合，抓住重要的传播渠道，可以大大发挥市场对资源的撬动作用，帮助企业快速实现与市场的对接。

在互联网创业的浪潮中，一大波创业主体，借助于新一代互联网用户追求“励志、自尊、自强、情怀”等核心寓意，将企业品牌和产品的价值集中体现，形成个人影响力带动业务发展，借助于政府鼓励创新的顺风车，在新一代互联网用户中实现共鸣。2016年的BAT（百度、阿里和腾讯）千人CEO大会上，涌现出众多“80后”“90后”，甚至“00后”都涌入了这股创业大潮中“学游泳”，“赶早”在创业大潮中赚到人生的第一桶金。创业者是新时代的掘金人，把握住创业环境，将创意转化为创新创业的利器，挖掘点点需求点，那不仅仅是商机，更将是另外一番天地。

“孵化养成” “再不创业就老了”，这是当前时代的呼声。凭着对互联网新技术的敏感和青春的激情，越来越多年轻人加入“互联网+创业”的大军，创业也成了当前中国的一道亮丽的风景线。加之“创客空间”“创业投融机制”等相关政策的鼓励和扶植，也在孵化和催生新一批的新兴产业和创业青年。

《关于推进大众创业万众创新的指导意见》提出，实施大学生创业引领和创新实验计划，建立导师、高校、机构、政府多层次大学生创业资助体系。鼓励高校建立健全大学生创业创新

众创空间

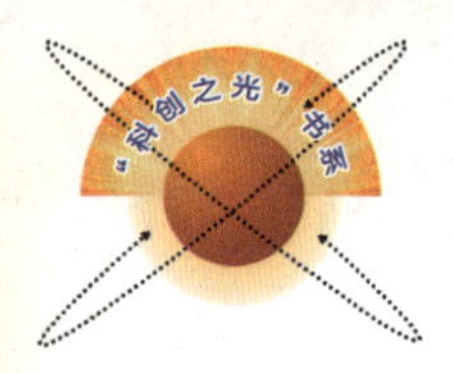

培训机制，开辟专门的创业空间，开设创业创新教育课程，开展创业指导，并将其纳入学分管理。搭建大学生创业投融资、交流与服务平台，落实支持大学生创业的税费减免、创业补贴和小额担保贷款政策。对入驻众创空间的大学生，纳入租赁型住房保障范围。

另外，鼓励创业企业向创业创新基地聚集，对新入驻小企业创业基地的小微企业、科技孵化器内的在孵企业、电商产业园内的小微电商企业，给予使用费用减免优惠；对入驻众创空间的企业和创客，适当提高补助标准。规范并最大限度地减免各类涉企收费，降低小微企业纳税成本，扩大税收减免受惠面。这些政策的出台，有效地达到了“孵化养成”的目标，推动着新的创业时代的到来。

“新上山下乡” 数据显示，在“大众创业，万众创新”的时代下，有超过 15% 的毕业生向往创业当老板（互联网仍是首选），其中高达 46% 的人会选择海淘、O2O、自媒体等新兴互联网创业项目。出人意料的是，有 18% 的人选择了农业类创业！通过逆向思维，远离了繁华都市，将个人理想和家乡建设相结合。

“新上山下乡”

也许在许多人眼中，“互联网 +”似乎离农业、农民、农村有些远，其实不然。2015 年，国务院发布《关于促进农村电子商务加快发展的指导意见》，为加快发展农村电子商务转变农业发展方式指明了方向并提供了政策保障，为推动农业升级、农村发展、农民增收创造了有利条件。互联网 + 农业的创业潜能实在不容忽视，成为时代“新的上山下乡”。

中国在线的 7 亿多人口和尚未在线的另外 6 亿多人口，不仅是全球最蔚为壮观的消费市场、最灵活的智能化制造基地，也是“互联网 +”创业创新最活跃的试验场。这些力量不仅会深入中国的农村，深入所有人的思想意识，也将同步促进知识、资源、制造、服务在全球价值链上的整合。

小贴士

新上山下乡

2015 年，第三届中国（泸州）西南商品博览会上，“80 后”苗族姑娘罗雪，是众多活跃在这次博览会的“80 后”创业者之一。她的乌骨鸡在海拔 1 000 米以上的山区自然放养，生长周期一年，是“来自苗族大山的健康臻品”。类似罗雪的年轻创业者有着相似的经历：上过大学，曾经外出在大城市一番兜转工作，最后回到家乡，选择依托互联网与本地农产品相结合来实现自己的创业梦想。

在工作中“充电”

“活到老，学到老”是当前社会的共识。对于早已告别了校园，踏上社会征途的工作族，面对日新月异的社会环境、层出不穷的新事物，“知识短板”是不得不面对的问题之一。如何利用有效的时间，在工作中“充电”，实现 4A（Anytime 任何时间、Anywhere 任何地点、Anybody 任何人、Anyway 任何方式）式学

移动的教室“行走”的学习

习，开启开放大学的个性化教育时代，是“互联网 + 教育”最典型的模式之一。

“行走”的学习　自开放大学成立以来，那些在社会上已经参加工作，但由于工作的需要或为满足自己的求知欲的再教育方式逐渐被所有人所接受。然而，由于受工作时间的限制，在工作中学习受限于教室、课程设置、实验室、图书馆等时间和空间的约束。“互联网 + 教育”的应用，打破了时空因素的禁锢，互联网所创造的开放式课程跨越空间、人数的限制，学校采用更为分散、灵活、共享、优化的异地方式来教学。通过这样的学校服务平台，早已脱离校园的上班族们，依旧可以选择自己感兴趣的选修课，或是喜欢的教授的课程。只要有互联网，哪里都是一样的课堂，你可以在去上班的路上、午休时的办公室、周末的家中，甚至是休闲的咖啡厅，只要你想学习，任何地点都能学习。互联网时代，能够以一种全新的、流动的形态来学习专业知识，将学习与生活充分融合。

24 小时开放课堂　在传统的教育模式中，对于求学者来说，要想实现“24 小时开放课堂”，无论是从人力、物力等内外部环

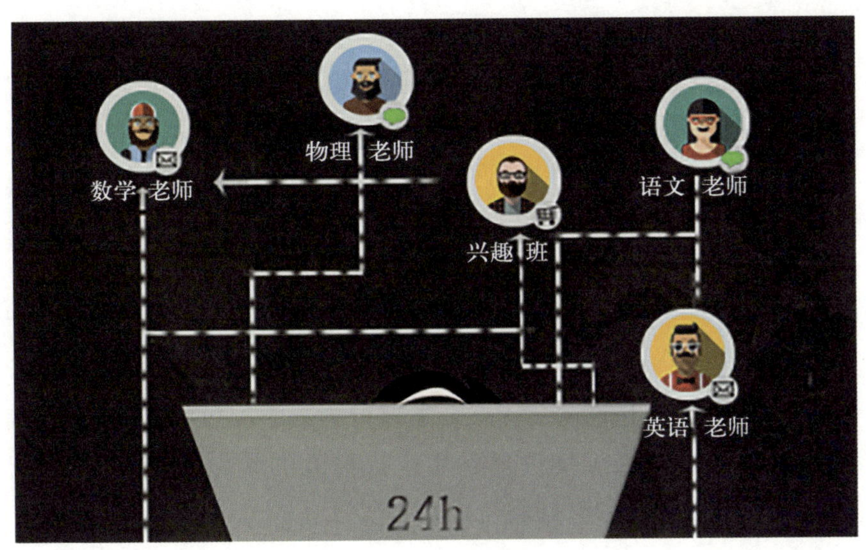

24 小时开放课堂

境要素来说，都是不可能实现的。在互联网时代，“24 小时开放课堂”从理想变成现实，结合互联网丰富的多媒体技术，打破了学时及教学条件的限制，使学习者能够更便捷地获取学习材料、大大培养自主学习能力。

另一方面，受到时间因素的影响，传统的教育，学习者只能在课堂上向老师请教，无法理解的内容越积越多，而让学业变得繁重。在互联网的支撑下，重构了教学模式，让学习者能够随时随地向“老师们”请教，老师则可以随时为学生解答，遇到问题就能得到及时的应答，无疑能够提高学习效率，网络教学更是跨越时间的限制，无论何时，一张网，一个终端，就可以自由学习，这是一堂永远没有“下课”的课堂。

个性化学习 个性化学习是学习者根据自身个性特征、行为方式、学习环境、接受程度等各方面的综合信息而挑选的适合自己的学习课程。传统教育模式，无论学生的接受能力如何，都使用同样的教材，做同样的习题，因此导致领悟力高的人因毫无挑战力而厌烦学习，领悟力低的人则跟不上老师的进度而倍感压力，失去学习的信心。

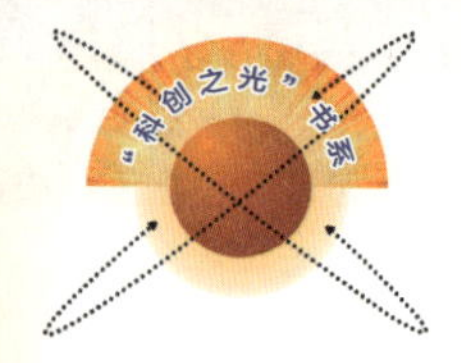

“互联网＋教育”重构了以教师、教材、教室为中心的知识传递模式，以人、问题为中心的创新能力培养模式成为当前个性化教育的主流，人们可根据自身的实际情况选择个性化的学习，针对自身薄弱科目进行强化学习，消化所接受的知识。个性化教育对此有了很大的改善，人们可以根据自身的实际情况选择适合自己课程，有针对性地选择不同学科知识点进行个性化学习。

另一方面，信息技术的应用，结合大数据的采集、分析，全面跟踪和掌握学生的学习特点、学习行为、学习过程，进行有针对性的教学，更准确地评价学生，提高人的学习质量和学习效率，实现真正的“因材施教”。

小贴士

在 university now（一家位于加利福尼亚州旧金山的社会企业）

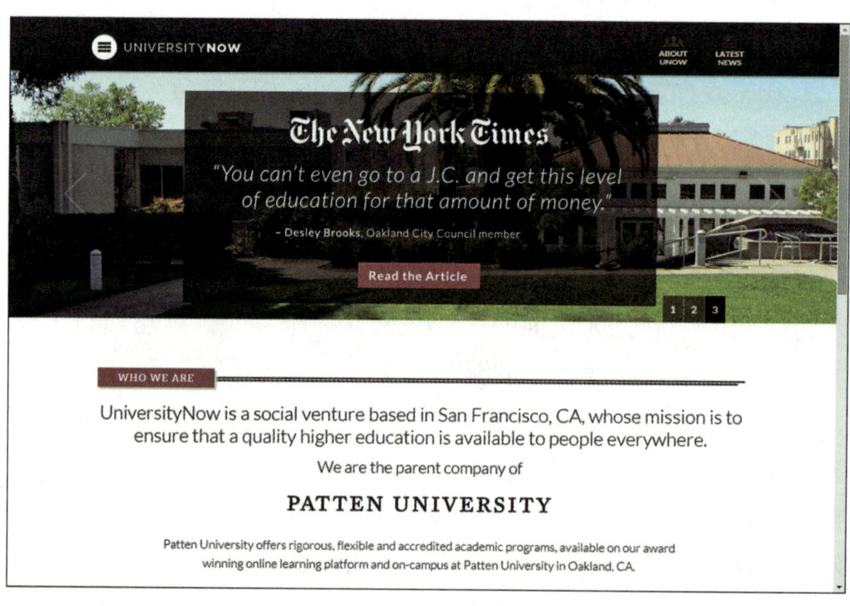

University Now 官网
（来源：http://unow.com/）

的平台中，学校可以为学生提供每一门课程的个性化知识图谱，该图谱随着学生的课程学习进度不断地实时更新。平台中的实时数据通过专注于学生细粒度的学习成果，不断循环反馈，实现了每个学生自定义学习经验的积累，使学校能够持续改善学生的学习体验。

“畅享”的老年

“如果有一天，我老无所依，请把我埋在，埋在那春天里”，流行歌曲可以轻松地这样唱，但是，又有谁甘愿在经历一世操劳之后孤苦无依，老无所养呢？谁愿意在春天来到时却独自老去呢？

2015 年，在中国 60 周岁及以上的老年人总数已达到 2.22 亿人，占总人口比重约 16%；预计到 2050 年，这个比例将达到 35%，这就意味着在那时中国人口的结构中，平均每三个人当中

畅“享”的老年时代

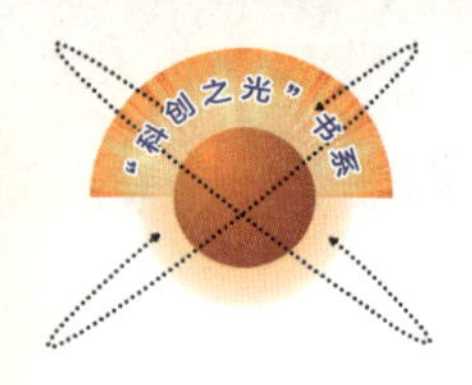

就会有一位老年人。若将视野切换到全球老龄化的赛道上，发达国家进入老龄化进程一般花费长达几十年至 1 个世纪，而中国仅仅用了 18 年时间就“跑着变老”，其老龄化速度可见一斑。中国已经成为全球唯一一个老年人口超过 1 亿人的国家，老年人口数接近印度尼西亚全国总人口数。

互联网对于老年人既是挑战也是机遇，如果互联网单单只是中青年的舞台，就无法上演“完整演出”，让愈来愈多的老年人不再作为互联网世界的观望者，而是作为实实在在的参与者，才能成就舞台的丰富多彩。随着云计算、物联网、可穿戴等互联网 + 浪潮来袭，云端“养老院”、物联“港湾”、智能“小棉袄”逐渐走入老年人的生活中，便捷其晚年生活，丰富其精神世界，帮助其享受老年生活。

“养老院”从云端走到身边

老龄化速度和中国人口基数，决定了老龄人口的巨大规模，逐渐形成老年人对生活照料、医疗健康、康复护理等各方面养老需求的日益增长与多元化。与养老服务需求的快速增长相比，中国养老设施、服务资源、医疗资源在数量和结构上都存在供给短缺。传统的各类养老服务常常是体系封闭，资源分散零碎，甚至不规范，正是在这样的背景下，“云端”养老院应运而生。

将云计算、大数据等互联网技术应用于养老服务中，协同各种单一、孤立的服务模式，整合优化社区、社会养老组织和政府部门的养老资源，解决传统养老服务、机构养老资源短缺零散难题，降低政府养老成本、提高老年人生活质量，从而完善社会保障体系；另一方面，助推“医养”融合，缓解国家医疗资源紧缺的压力，提升国家老龄医疗及养老服务效率和老年人健康水平，满足老年人多层次、多样化健康养老服务需求。无论老年人身处社区、养老机构还是家庭居所，是想“足不出户”还是“走南闯北”，“养老院”都能从云端走到老年人身边。

“云端”养老院 “云端”养老院是介于老年人与服务提供商之间、由政府主导的、不再以实体养老机构为服务载体的运作平台，以云计算、大数据、移动互联网、物联网、人工智能等新一代信息技术为支撑，借助服务平台及各类终端设备，感知、传送、发布老年人的养老服务需求信息，通过数据接口交换共享不同养老服务应用间的数据和资源，将无数养老服务信息分门别类地收集在云系统中，并按照一定的养老服务规范和服务标准“就地取材”向老年人提供安全看护、健康管理、生活照料、休闲娱乐、亲情关爱等各类养老服务，满足老年人多样化、多层次需求。“云端”养老院将老年人、服务提供商、社区、社会养老组织和家属“一线牵”，只需通过一个移动设备即能实现在任何地点发出求助请求、查看信息，打造云端一体化从线上到线下 O2O 养老院，最终形成“互联网 +”养老生态圈。

“云端”养老院通过配备智能硬件，如能够不间断监测老人卧床期间身体健康数据的智能护理床……这些智能硬件的所有监

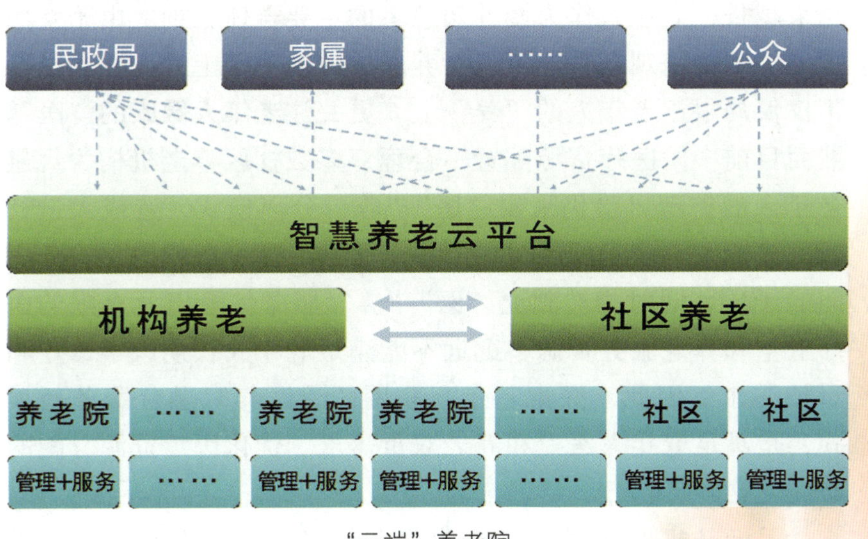

“云端”养老院

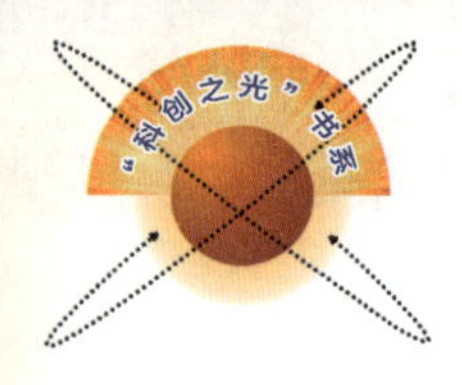

测数据经互联网高速上传至平台，关联历史数据进行大数据分析，通过平台智慧化处理将老人的需求细化至每一个环节，方便服务提供商、社区、社会养老组织等迅速反应，让老人享受到“云端到身边”的养老服务。

小贴士

乌镇“云端”O2O养老院

世界互联网大会的永久会址——桐乡乌镇，利用云服务器、移动互联网、物联网等技术成功搭建了“线上＋线下”相结合的“互联网＋养老服务”体系，集居家养老服务照料中心、文体活动中心、义工与志愿者服务站、社区便民服务于一体，集成“居家养老服务照料中心”与“老年服务交互服务系统”，实现集中照料与居家服务，并通过智能设备将服务延伸到家中，实现对老年人健康管理、应急救助、生活照料等服务与信息的一体化管理。

“医养”融合 随着社会的发展和医学的进步，人均寿命越来越长，老年人作为慢性病患者的主要群体，加之由子女照护的中国传统观念，老年人对养老的需求不断上升，并且已经不仅仅局限于老年人的“养”上，更关注老年人健康的“医”。然而目前中国医疗资源配置不合理，多数社区养老机构为规避老年人的护理风险仍采用“医”“养”分离模式，造成大量社区医疗资源浪费等问题，加剧了老年人与现今医疗卫生服务之间的矛盾。同时相对独立“医”“养”服务体系以及有限的医疗卫生和养老服务资源，远远不能满足老年人长期医学诊疗和看护需求。因此，探索基于互联网的“医养”融合服务新模式，是满足老年人医疗和养老双重需求、优化医疗资源分配的必经之路。

无论是家庭养老还是机构养老的老年人都能够充分享受

“医养”融合

科学技术发展成果，借助互联网、物联网、云计算、可穿戴设备、移动通讯设备和APP，实现健康信息的远程采集、传输、处理、存储和查询，随时随地测量健康信息并上传到平台，通过“云家庭”，建立“医疗云”“养老云”和“社保云”，实现不同部门、机构之间的信息共享，促进社保部门、参保单位及个人、医疗及服务机构、保险支付方之间的协作，便于实现双向转诊、远程诊疗的开展。建立老年人电子健康档案，远程联结养老机构和大型医疗机构，实现24小时在线诊断，通过数据挖掘技术，可自动根据即时健康数据和历史健康数据对异常情况做出预判，及时向被照护老人和医护人员反馈信息。

“温馨港湾”物联你我“它”

1997年，比尔·盖茨预见未来的世界，将住所建设成了智能住宅。经过几十年的演化，智能家居走过从连接到控制、从感知到自适应的发展历程，并随着大量新微型、智能联网传感器和互

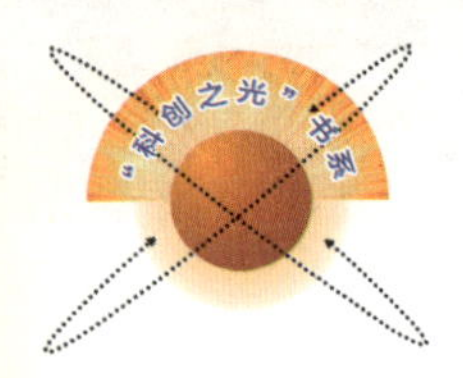

联网技术的成熟应用与普及，使得智能家居“智能化”水平上升到一个新的高度。

人到老年，无论从生理上还是心理上都会逐渐产生一些变化，比如视觉、听觉、人体感知的衰退，神经运动机能缓慢，认知、学习、记忆能力水平下降；同时，当前正面临的现实问题是，“70 后”“80 后”乃至“90 后”，将大部分时间扑在工作上，老人心灵孤单、身体健康等成了很多家庭沉重的负担。那么是否有这样一种途径，可以让子女在工作之余，随时随地可以掌握父母的行踪和健康状态？当父母遇到紧急情况的时候可以主动报警或者由子女远程启动报警求救呢？

依托物联网、智能控制等信息技术，利用综合布线技术、网络通信技术、自动控制技术、音视频技术将家中的各种设备（如音视频设备、照明系统、窗帘控制、空调控制、安防系统、数字影院、网络家电等）连接到一起，提供家电控制、

“温馨港湾”物联你我“它”

照明控制、电话远程控制、室内外遥控、防盗报警、环境监测、暖通控制等可控制的多种功能与手段。将传统“家”的概念从老年人的物理居所拓展到互联网上，使得老年人拥有一个看得见、听得到的“未来之家”，一个能够联系子女和亲朋的“守护神”，一个更为安全、便捷、健康、舒适的“温馨港湾”！

未来之家 打造面向老年人的“未来之家”，无论是从过去到现在、还是从现在到未来，通过学习老人的日常行为习惯，凭借快速、可靠、安全的信息传递技术，扩展老年人所有感觉器官的传感功能，“再生”成更深层次符合老年人的决策信息，实时地计算和分析并预测老年人会出现的异常状况。

炉灶上烧着东西却长时间无人问津，安装在厨房中的传感器便会发出警报，一段时间后老人还是未响应的话，煤气便会自动关闭；冰箱提前存储老人的习惯饮食，油米酱醋、零食等吃完了，自动连接互联网，向超市订购；微波炉自动下载食谱，只要将事先买回来的鸡鸭鱼肉放进去，便会在预定的时间自动进行解冻，做成香喷喷的美味佳肴。

家中厕所系统自动监测老年人的尿液、粪便等，在老人上厕所的同时也完成了医疗检查，系统检测到的数据可以直接传送到医疗机构老人的电子健康档案上，一旦出现数据异常，智能系统会自动提醒老人及时体检。

老人想休闲放松，系统会告知老人当天的电视节目、社区开展的活动等内容；家中房门安装的娱乐传感器，当老人进门时，便会自动播放老人喜爱的戏曲或音乐，并适时调节室内暖气和灯光。

父母“守护神” 年迈的父母在家遇到突发情况或者疾病时，可以通过物联传感紧急按钮一键报警，子女在收到物联传感智能家居发来的警报后，也能迅速报警处理，帮助父母及时脱离危机。此外，通过对红外入侵探测器、门窗磁探测器、高清摄像机、烟雾探测器、漏水传感器、电动机械手等物联传感智能家居

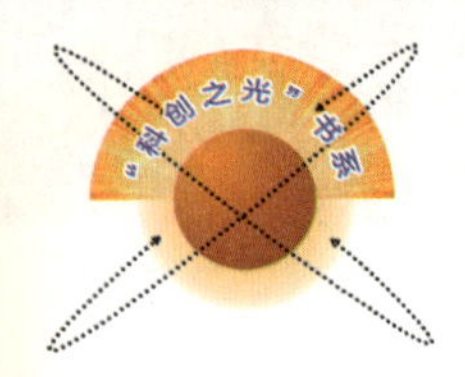

设备的联动使用，子女可以远程实时掌控老人家中状况，提前做好防盗、防火、防漏水、防可燃气泄漏等准备措施，让老人过上安全省心的智能生活。

通过云体重计、云全自动血压计等物联传感智能家居产品在家庭中的应用，父母能够随时掌握自己的体重、血压、脉搏、心率等健康数据。物联传感智能家居产品还可以对这些数据做出分析，使得子女通过手机云端就能快速查看分析报告，及时了解父母的身体状况。互联网在提供给青年人更多生活便利的同时，也化身守护神，陪伴在父母身边，打造属于老年人的温馨港湾。

"小棉袄"智能新贴心

可穿戴设备只属于年轻人？并不是！

如果有一天，一双平时只是用来保暖、吸汗的袜子，居然还能测步数、心率、卡路里消耗等，这是科幻电影吗？不是！这是当前"互联网+"老年时代的智能"小棉袄"。这些产品正以其独特的优势替代智能手机、平板电脑、PC，成为老年人贴心的陪伴。

可穿戴设备作为一种新兴的产品，它具有随身携带、灵敏度高等特点，非常适合老年群体的身体检测、监护报警等功能。目前市面上的可穿戴设备更多关注的是年轻人群体，而我们的社会正在向老龄化发展，老年群体势必要成为产品设计关注的重点。打造适用于老年群体的智能"小棉袄"，满足老年人生活辅助、安全检测、智慧医疗、数字文娱等的生理与心理需求一"触"即发。

在生活辅助方面，结合老年人居家生活需要，配置相应的自动反应系统，感知老年人的身份、要求、坐标、言语、姿势、体温、声音甚至表情，同时辨识房屋周边的温度、湿度、情景、设施等环境变化，主动协助老年人特别是失能、半失能老年人实施

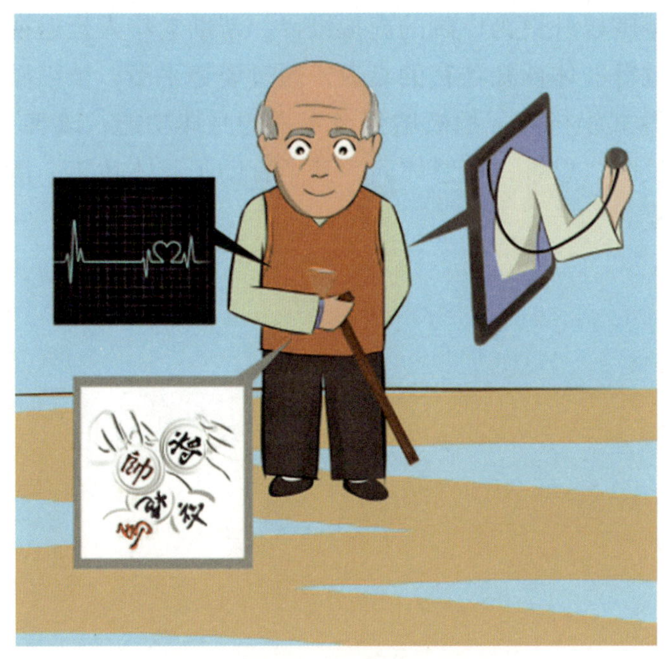

“小棉袄”智能新贴心

自理活动，比如做饭、洗澡、如厕和穿衣等。

在安全监测方面，随年龄增长老年人身体机能退化加速、各项生理指标老化加速，从记忆、语言、听力到思维、逻辑、学习、判断等诸多功能持续衰退。智能安全监测设备基于传感器等安全装置的远程操控，清楚了解老年人行为特征和环境变化，辅助老年人提高安全感知度和环境匹配度，通过智能穿戴设备、卫星定位系统、室内移动测量及安防系统等，减少老年人跌倒、走失、急救等危险发生，并将采集的信息集成实时传送至家人或者照护者，采取处置措施。

在智慧医疗方面，根据老年人疾病特征和生理特点，医疗装置可以广泛应用在日常健康管理与促进中，如智能药盒之类体积较小的设备用品，协助老年人及其家人或者照护者进行适当的健康管理。

在文化娱乐方面，互联网发展为老年人精神生活提供了身

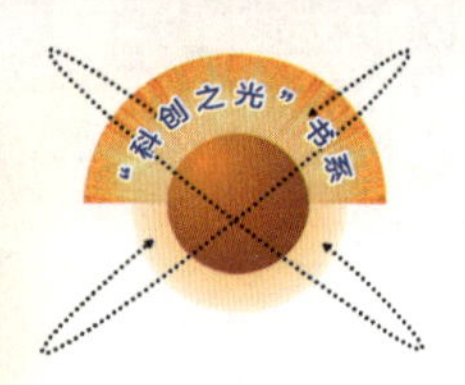

体可达范围以外更为广阔的虚拟世界。帮助老年人延迟视觉、听觉、视觉等肢体认知器官的衰退，通过姿势平衡、精细操作、认知刺激等文娱行为，积极增强老年人的身体功能，改善其语言、行动、反映、思维、情感体验，甚至有助于肢体功能、精神类疾病的康复。

互联网点亮生活

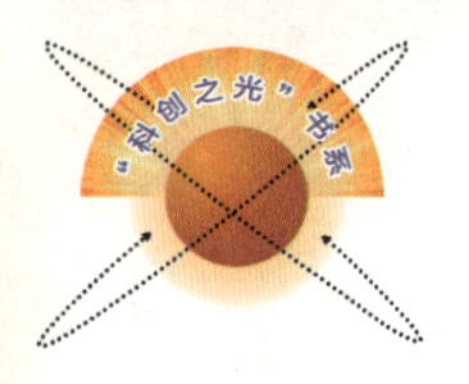

在过去30年时间，互联网的发展从web1.0门户时代开始到今天的web3.0社交时代，互联网历经巨大变迁，从内容形式到技术标准都有了巨大的飞跃。“互联网+”理念的提出，促进了互联网与各个行业深度融合，从日常生活中的“衣食住行”到精神享受、从金融体系到公共服务，无不体现“互联网+”所带来的深刻变革，“互联网改变生活”绝不再只是一句口号，而是每个人每天都在经历的现实。

互联网点亮生活

衣食住行

穿上身的互联网

互联网不仅为时尚的创业者提供了便捷和创新的途径，而且也在不断吸引大牌服装品牌加盟。人们对服装的基本需求逐渐呈现品质化、个性化、经济化转变。虚拟试衣间、量身定制、以租代买等多种模式，给时尚达人提供了更多的选择，“穿上身的互联网”，已经实实在在地变成了现实。

虚拟试衣间 每个人都有着这样的烦恼，想买衣服，却不知该如何去买。商场购物，往往会耗费大量的时间和精力在排队等候试衣，同时影响了自身的购物体验。网上购买，品种繁多，让人看到眼花缭乱，而且只能以买家秀作为参考，不可避免地会买到不适合的衣物。在“互联网 +”的大潮流下，服装行业正不断地突破传统实体店模式，在开拓网络销售的同时，探寻出新的应用——“虚拟试衣间”，来满足用户的购物体验、个性化需求。“虚拟试衣间”的诞生让我们可以直接在手机上构建一个虚拟的“自己”，“换上”不同款式的衣服，进行搭配，从而节约我们的时间成本以及不必要的浪费。这种模式的应用，进一步颠覆了O2O（Online To Offline，即线上到线下）模式，实现了挑选、购买过程的全部在线，是“互联网 +”更加深入的应用。

虚拟试衣间

O2O 服装定制 全城搜街累得腿发软，却没相中一件如意的衣服；网上看似很漂亮，穿到身上却不服帖……人们在讲究品位崇尚个性的同时，还希望服装能体现穿着者的爱好、修养、品位。“互联网 + 服装定制”是互联网与传统服装定制之间的碰撞和交融，定制出属于个人“独享”的服装。

就传统服装定制而言，老上海时期，富家小姐才会享受“御

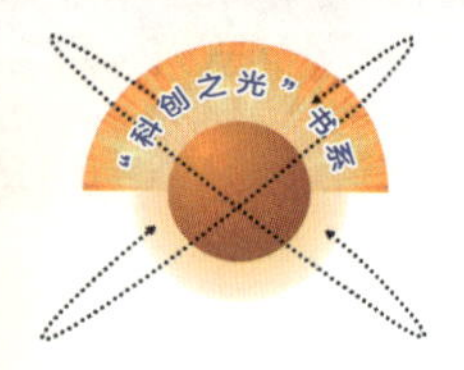

用”裁缝来定制旗袍等。运用互联网O2O思维的服装定制平台，强调了体验和高性价比，在服装定制模式上营造出了一种年轻、时尚的互联网私人“裁缝”形象。

通过O2O定制平台，用户只需选择一键预约，便可坐等裁缝上门量身。裁缝会携带面料样卡，与用户沟通，提供最专业的定制意见。此外，用户还可以根据自己的喜好，自由选择搭配不同的衣领、袖口、衣袋、后背打褶和前门襟样式，“拼装”出适合不同场合的衣着风格，成为自己的专属设计师。

你的私人裁缝

以租代买 对于时尚达人而言，国内外时尚潮流品牌是我们的选择；对于偶尔需要出席宴会的我们而言，宴会礼服必不可少；对于追求精致生活的白领而言，工作中衣着不重复提升了生活品质。由于受限于经济、空间等限制，永远少了那么一件合适的衣服，以租代买的互联网平台出现在人们眼前，可以说是完美地解决了这一问题，在追求时尚的同时，大大降低了女性穿衣成本。“以租代买”的穿衣方式，不再是奇闻轶事，不断刷新人们的认知。

共享经济的提倡，为“互联网+”服装租赁带来了新机遇。传统的电子商务发展，带动了服装销售增加，成为线上购买最多的品种，然而能够提供更大想象空间的是服饰租赁行业。移动互联网、快递物流业及洗衣行业的成熟环境，也为日常服装的租赁创造了便利条件。

租衣平台采用单件租赁及包月租赁模式。平台为用户提供专业的设计师为其搭配衣服，将搭配好的服装快递至用户手中，用户穿完之后无须清洗，只要将衣服打包，等着专人来收取并送来另一套衣服，不再为怎么搭配而纠结。每月只需花几百元的费用，就可以体验不同风格的服装。

舌尖上的互联网

“人是铁，饭是钢，一顿不吃饿得慌”，作为有着悠久历史，却永不过时的行业，餐饮业也不可避免地被互联网、移动互联

舌尖上的互联网

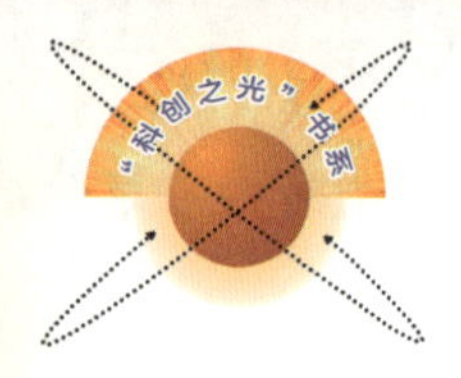

网、物联网巨头和创业者作为最佳的试验田。庞大的市场令诸多资本疯狂涌入，以“互联网 + 餐饮”和 O2O 模式落地，带来餐饮行业的巨大变化，引领着“舌尖上的互联网”的创新创业热潮。

餐饮 O2O　据国家统计局的数据显示，2011—2015 年国内餐饮行业的支出超过国内社会消费品零售总额的 10%。生活水平的改善首当其冲地体现在“吃”上，仅 2015 年，国内的美食“吃货”总计吃出了 3.2 万亿元。这是一块巨大的蛋糕。无论是基于“餐饮信息、优惠、订餐、点评、团购”的互联网平台，还是社交化餐饮、半成品配餐、上门美食服务，都成为餐饮 O2O 中的一员。

吃出来的互联网

团购为餐饮 O2O 拉开了序幕，完美地将线上用户与线下需求相结合，团购之所以受到大家的追捧，存在着一系列必然的原因。不同的餐饮消费者在决策、下单 / 就餐、支付和分享环节有着不同的期望和诉求。我们可以通过餐饮平台，了解店家的地理位置、环境、菜品等具体信息、查看其他用户对商家、菜品的评价，通过对比，选择性价比更高的店家，并以优惠的价格享用菜品，提升消费体验。

越来越“离不开”的外卖 根据中国互联网络信息中心发布的第39次《中国互联网络发展状况统计报告》显示，截至2016年12月，中国网上外卖用户规模达到2.09亿个，用户增长率达83.7%。“互联网+外卖”提供了人们全新的餐饮方式。无论你是忙于工作的白领、埋头苦学的莘莘学子，或是为家务操劳而无暇准备丰盛餐桌的家庭主妇，都可以通过网上订餐，只需轻轻一点，热气腾腾的“满汉全席”就来到我们身边。

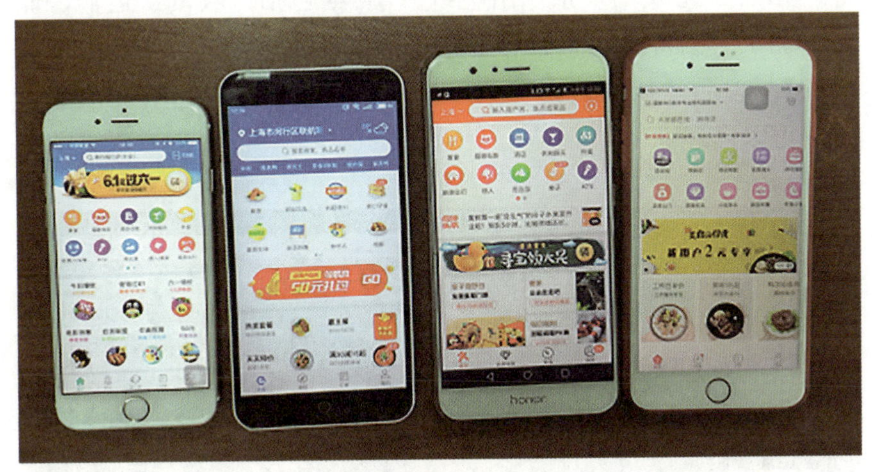

离不开的外卖（互联网）

“互联网+外卖”就是基于新一代的信息技术和互联网技术，通过自建或合作，提供一种无论何时、何地，以及何种方式都能让消费者享受到菜品选择、订餐、配送、支付和体验的完整生态环。如今，“互联网+外卖”已经融入到我们的生活，带来便利的同时，也带来了一些问题，例如支付安全、餐饮偏好、食品安全、配送等。为保障行业的健康发展，国家和地方层面也相继出台了《网络食品安全违法行为查处办法》等一系列规章规范和行业自律。

“从农田到餐桌”的食品安全 “吃荤的怕激素，吃素的怕毒素，喝饮料的怕色素，吃什么心里都没数。”食品安全问题是

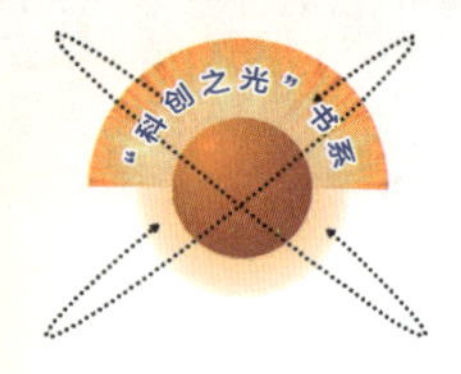

关系到国计民生的大事。食品流通环节众多，食品安全问题不容忽视。无论是国外管理经验，还是国内出口食品实践，都证明：食品追溯和召回制度是一项普遍采用、行之有效的食品安全监管制度。

你是否了解你所吃的每一粒米产自哪片土地？你喝的每一滴奶来自哪个牧场？

假如，一粒米从种子开始就采集数据，前期包括：生产地、生产者、种子来源、种植土壤、所施肥料、施药次数、生长时间等，相当于完成了一张“出生纸”；后期包括：收割、运输、储藏、加工、销售等信息，有了这些信息就相当于这粒米有了“身份证”。食品“从农田到餐桌”全链条安全信息都留有“痕迹”，追溯得以实现。

食品安全追溯

目前，食品安全追溯主要运作模式就是通过二维码来实现，通过手机扫描二维码，这粒米的“前生今世”一目了然，为食品安全多方参与、协同治理夯实基础。互联网平台及相关技术的应用，为“从农田到餐桌”的食品安全保驾护航。可以有效应对动态变化、管理环节涉及各个部门的问题，可以通过平台打通监管链，有效地融合到食品流通链的各个环节，通过数据采集、追溯、分析管理、决策等各个环节的纵横交错，有效建立一张保障食品安全的大网，为监管者提供监管、决策的工具和手段，保障食品从农田到餐桌全产业链的监管，让人们能够安心享用美食。

“宅”在家中的互联网

智能家居 智能家居不仅具有传统的居住功能，同时能够提供信息交互功能，使得人们在外部能查看家居信息和控制家居的相关设备，便于人们有效安排时间，使得家居生活更加安全、舒适。

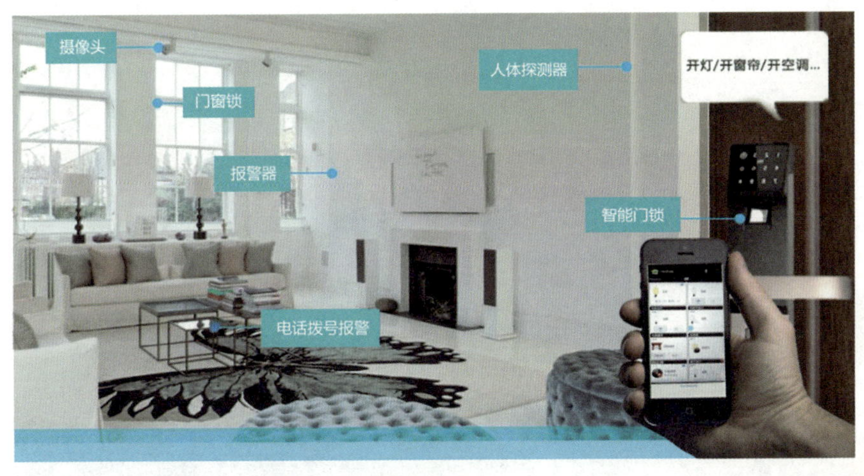

智能家居

智能家居的目标在于利用综合布线技术、网络通信技术、安全防范技术、自动控制技术、音视频技术将家居生活有关的设施集成，构建高效的住宅设施与家庭日程事务的管理系统，提升家居安全性、便利性、舒适性、艺术性，并实现环保节能的居住环境。

智能家居大大改变了我们对居家生活的认识，智能安防和视

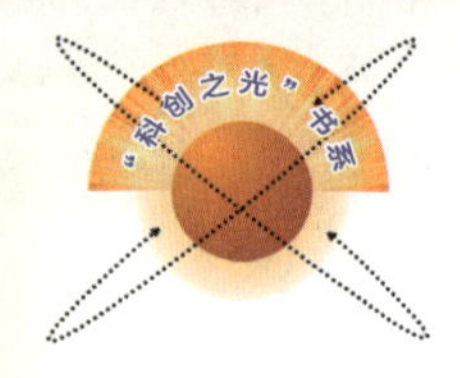

频监控系统为我们的安居乐业保驾护航，智能家庭灯光、影音、窗帘、除湿器、浇水系统、空调、地暖等设备与互联网应用的结合，为我们的生活提供更加舒适便利的私人空间，各种带有远程控制、智能化的设备为生活节能减排，优化了社会公共资源的使用，全新的“云 + 端”的智能家居模式，通过专用的云计算技术服务平台为大众提供各种生活服务功能，如天气参数等。这些智能家居的应用，为我们打造安全、祥和、温馨的家居环境，时时刻刻体会到互联网带来的便利。

“省”出来的互联网 智能家居逐渐渗入到普通家庭，人们对智能家居的认可度也不断增加，家居智能化的概念早已深入人心，因此，对于家居的智能化控制、能源节约等问题受到了更多关注。

节能减排

家中的能耗主要分为三个方面：一是照明，二是制冷或是制热，三是一向不被重视的待机能耗。节能系统采用多种传感器灵敏部署，通过大数据计算来进行全方位的设备操作，从而达到节能的目的，根据生活者的习惯，随时调整照明方式、空调、取暖器的功率和加湿器，既能保证人体舒适度不会受到影响，也可节约电能。

与传统的照明方式相比较，智能照明可以节约电能20%～30%。利用智能照明技术使家中整个照明系统按照最经济有效的方式来准确运作，能够最大限度地节约能源。通过对室内温湿度的感应，节能系统可自动调节控制，实现家庭对用电张弛有度、实时监控的目的。通过实时监控生活者的每日用电量，杜绝待机耗能所浪费的电能，通过用手机或控制面板，一键切断所有电器和电灯的电源，当下班回家时，再度自动通电。让人们提升生活品质的同时，做到节能减排，绿色环保。

“装”出来的互联网 家装行业一直是一个让人感到纠结的行业，一方面天价的商品住宅销售所带来的广阔市场空间，另一方面则是行业口碑差、企业规模小、业务分散的尴尬现状。互联网为家装行业带来新的机遇和挑战，家装行业及其上游房地产行业是中国市场容量最大的行业之一，更是继衣、食、行之后待开垦的互联网消费蓝海。

互联网＋家装

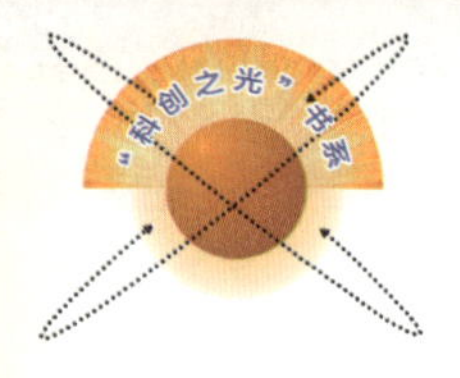

对于传统家装而言，从选择装修公司到材料的购买，施工全过程的监督，将耗费大量的时间和精力。“互联网＋家装”为我们提供了一站式服务，通过一站式服务平台，我们可以从最初的样式、材料的选择与对比，到后期的房屋设计、第三方监工等装修全过程一站式解决。对于消费者而言，最大的优势在于打破信息不对称，去中介化。让价钱、材料、过程全透明化，我们可以与企业直接“对话”，同时，也可以查看其他消费者的评论，让选择更加自由。

就目前“互联网＋家装”企业运行模式来看，大致可以分为平台型、自营型、家装门户网站三个类型。“互联网＋家装”将优化并整合装修产业链，提升用户体验，让装修变得简单、透明、精致，性价比更高！

“行走”的互联网

出行服务 衣食住行中，出行之变，可能算是近年来“互联网＋”给出的最大亮点。在此市场，共享经济模式带动了一大批出行服务行业的巨变。以出租车市场为例，“互联网＋”的引入极大改变了出租车行业服务效率、成本等，弥补了城市交通出行

出行服务

的某些不足。根据艾媒咨询数据显示，2016年中国移动出行用车用户规模达3.62亿人，预计2018年移动出行用车用户规模将达4.87亿人。

在现在的实际出行生活中，我们的习惯是：打开手机上的出行APP应用，附近的出租车数量、位置一目了然。只需输入目的地，出租车就会按约定时间准时出现在我们面前。出行服务类别种类繁多：可以选择快车、专车、顺风车、拼车、代驾、专属的一站式定制等。这些出行服务都是基于互联网强大的整合能力、技术支撑能力和服务能力，“点击一下，马上出发”！

共享出行 借助于互联网的共享思维，除了在用车服务方面变得更加便捷，在自我出行服务方面也有了更多的选择，从共享单车到共享汽车，行业的发展日新月异。新的服务模式和服务类型的出现速度，远远超出我们的想象，当共享单车的序幕刚刚拉开，共享汽车也已经来到身边。

不同于传统汽车租赁，即行式的共享汽车服务非常方便，只要拿起手机查找、预订并使用运营区域内停放的任意一台共享汽车。预定成功之后，根据其内置导航功能开始找车，并通过手机密码开锁，驾驶使用，然后在运营区域以及合作商圈随停，最后在手机App应用上一键还车、自动上锁并且计费。

共享出行

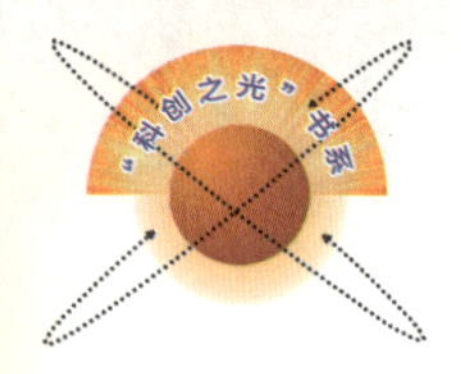

智能停车 停车位难找和不文明停车现象已经成为城市生活中困扰大家的最普遍的问题，这些问题的出现一方面是因为车辆的增多、停车位利用率不高，另一方面，即使你作为一个城市土生土长的人，即使某条道路可能是该城市的地标，但你仍可能会兜兜转转好几圈也找不到停车位。

在大型购物中心和写字楼，很难找到停车位，但一些小区内的停车位却被闲置。智能停车场云平台希望能串联起这部分的需求和供给：一方面和停车场管理方合作，为车主提供快捷高效的寻找车位服务，节约时间和精力；另一方面，有车位的业主可以在空闲时间分享出租车位。借助于互联网技术，智能停车场云平台通过二维码实现反向寻车、临时停车、月租缴费、车辆防盗、预约停车等功能，通过错时分享出租的方式，提高车位利用率。

未来，城市可利用土地资源逐渐紧缺，汽车数量的进一步增大，使得人们的停车需求愈加迫切，借助于互联网技术，能够有效整合闲置资源。

一键停车

拉近与世界的距离

随着国民人均 GDP 提升带来的消费升级，旅游也越来越成为人们必备的生活方式之一，然而传统旅游并不能满足游客的感官体验。以“互联网 + 旅游”为基础而诞生的“智慧旅游”是以游客互动体验为中心，借助便携的终端上网设备，让游程安排进入触摸时代。通过智慧景区、一站式旅游服务、旅游社交，完成一次说走就走的旅行，拉近游客与世界的距离。

游我所想

从“数字地球”向“智慧地球”转型，“智慧旅游”已经受到来自政府、业界和学界的高度重视。在《关于促进智慧旅游发展的指导意见》战略实施过程中，旅游景区作为旅游业的核心要素和旅游产业链的中心环节，其智慧化程度的提高，有利于对于景区实现精细化、低碳化、移动化的管理方向，并最终实现“智慧景区”，让游客能够“游我所想”。

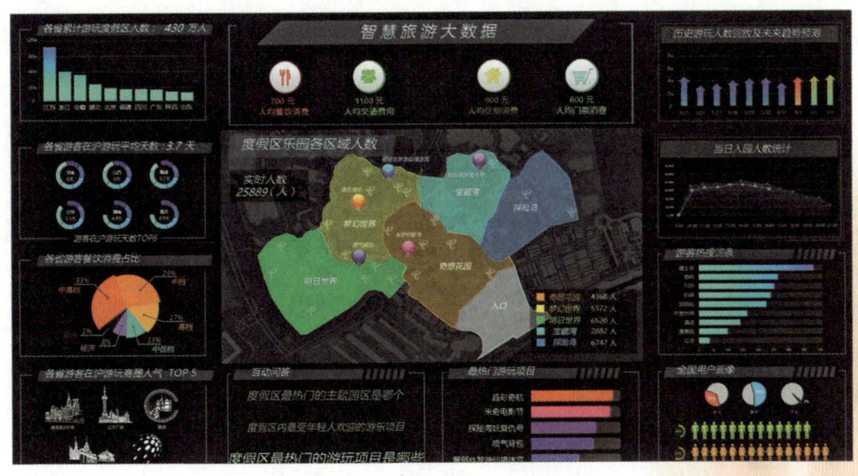

景区智慧监测系统案例

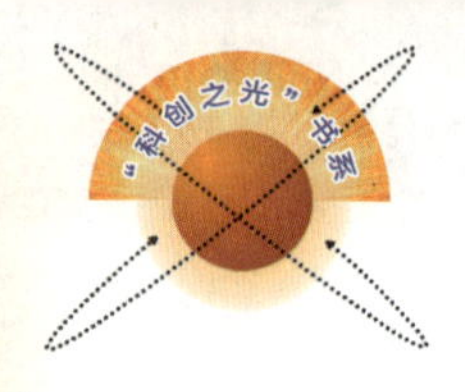

移动出行时代，手机已成为旅游途中必不可少的伙伴，曾经复杂的景点查询、出行攻略制定、路线规划、买票入场等环节全部集成于方寸之间，这种“一部手机游景区”的新趋势在国内多个游玩圣地都可见到。

随着互联网的接入，景区游玩的方方面面都已搬到线上。以大型的游乐场为例，在出行前，游客就可以通过景区页面看到景区评价、景区视频了解景区，通过游玩指南规划出游时间和游览重点，并在线上一键订票，避开了排队买票，到场后直接刷身份证进入，不仅节约排队时间，更能享受相关优惠。打开景区地图，就能查看基于游客大数据分析的经典游玩线路推荐，告别乱走乱逛——用最短最精确的步行距离玩遍景区精华，随带的语音导览功能，可以对景点做详细的介绍，如同请了免费贴身导游在身边。游乐场的演出功能更是罗列了当日每一场表演的具体时间和位置，以便游客随时查看规划时间。除此之外，游客还可以在景区中快速找到附近的餐饮、商店、自动取款机和停车场等公共服务区域，解决了游玩的后顾之忧。游玩结束后，用户还可看到个性化推荐的当地美食与精品酒店，吃喝玩乐都用一部手机解决，游玩的方式与体验将被彻底改变。

说走就走的旅行

“说走就走”的旅行是每个人的梦想，一站式旅游消费服务，是这一梦想最佳的实践，也是旅游行业发展的趋势和方向。随着互联网技术与旅游的深度融合、产品服务的不断升级，内容和渠道的增加以及网站透明度的提升，用户可以更轻松便捷地实现各种旅游搜索和相关的预订，旅游一站式服务已经不是遥不可及的梦想，它已经被众多综合服务平台转化成为现实。

旅游一站式服务平台是大势所趋。在制定旅游计划时，网络上有很多旅游目的地网站、酒店宾馆网站、在线旅行社，以及一

说走就走的旅行

些搜索平台和点评网站，让人眼花缭乱，不知所措。而用户的时间少而宝贵，价格的模糊及服务水准不清等问题很容易引起用户的旅游疲劳综合征。一站式旅游服务平台应运而生，力图给用户提供最详尽周到、最合适、最便捷的服务。

通过一站式服务互联网平台，用户能够选择出最适合的机票、实惠的酒店直销价格、优惠的门票折扣价和安全可靠的租车服务。不仅如此，通过平台整合的信息，用户轻松了解到详尽的本地景点、美食的准确方位，一键查询出行方案，让旅游更便捷，更放心。旅游一站式服务平台为用户一站式解决问题，省时、省力。

旅游百事通

随着以智能手机和平板电脑为代表的终端移动设备的迅速普及，使得信息的传播渠道已经不再仅仅局限于报纸、电视、广播等传统媒体。每一个人都可以通过自己随身携带的智能移动设备，随时随地发布信息到互联网。暗藏巨大影响力的自媒体时代

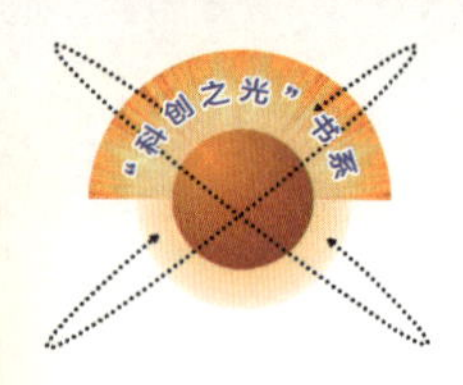

悄然到来。渠道众多、反馈及时、互动性强的自媒体，改变着现代社会的信息传播方式。

如今，任何一款旅游 APP 都拥有类似“社区评论”板块，游客可在旅游过程中，基于智能手机的随时性、随地性、交互性等特点，通过 APP 分享的功能，在微信、微博，以及旅游 APP 中随时随地分享自己的旅游体验和感受。旅游者最为关注的就是驴友们分享的各类信息，好评率高的景点、路线、美食会受到争相追捧；差评多的酒店、景点等自然遭受了无情的抛弃。在互联网的影响下，人们都自然而然养成了出行前上网搜索前人的旅游攻略、体验，以平台上驴友的点评、推荐作为自己旅游的选择考量依据。

当前在互联网上，已经汇集了超过 25 000 名旅游自媒体人，每天生产的旅游内容上万条，数量庞大的旅游自媒体已经成为社会化旅游的重要生态节点。任何一条看似无技术、无绚丽语言的旅游攻略，都会成为潜在旅游者最终决定旅游目的地、酒店等全维度的选择因素之一。

当互联网遇上文艺范

娱乐形态多样化，包括文字、图片、音视频、手机直播、虚拟现实等多种形式，正不断地发生改变。从单向的纸质图书、杂志、报纸发展到随时随地听、看、读，互联网加速了文化生活快速发展，在线阅读、听 K 歌、看电影、追剧等，互联网改变着文化生活的各个方面，打造了新的“文艺范”。

“互联网歌手”

作为文化产业发展的大背景，“互联网 +”是音乐发展绕不过去的概念，也是音乐发展的关键。互联网的发展，让原创门槛变低，力量变强，也让越来越多才华横溢的创作者在互联网的舞台上脱颖而出。

传统音乐时代，音乐创作是一种高度技术化、专业化的艺术行为。需要具备专业技能的作词作曲家才能创作出被社会大众普遍认识和接受的音乐。在互联网时代，我们每个人都是音乐创作者。

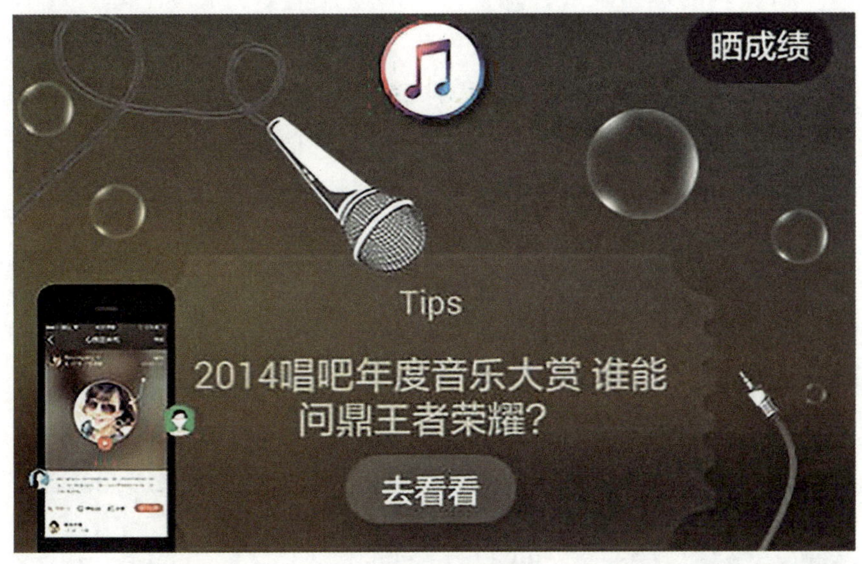

唱出自己的歌

在“互联网 +”时代，即使你没有经过专业的学习，只是一个音乐爱好者，但并不阻碍你创作出属于自己的音乐。互联网上存在大量的音乐素材和表达形式可以参考和使用，包括各类的旋律、不同的伴奏、众多乐器的声音，以及人声、乐队模拟声音等，我们可以将这些元素连接为一首完整的曲目，完成一次简单音乐创作，并将作品放到互联网平台、音乐 APP 上展示，让拥有共同兴趣爱好的“作曲家”们分享互动。

音乐载体也已超越了唱片、磁带等物理限制，不再需要经历传统的录制、发行等一系列繁琐的工序，打开 APP，想唱就唱，唱出自己的歌，随时随地与人分享。“互联网 +”让每个人成为

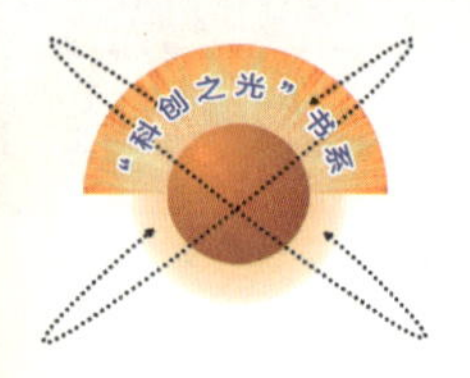

作曲家、歌手。截至 2016 年 12 月，网络音乐用户规模达 5.03 亿人，较 2015 年底增加 176 万人，未来，将出现全民参与“互联网 + 音乐”的壮观景象。

知识源泉

新媒体的迅猛发展，知识传播的途径增多、成本下降、效率提升，人们的阅读方式也随之发生了很大变化。新媒体阅读的真正价值，并不在于现阶段普遍的快餐阅读，而在于提供高附加值的阅读服务，从一本书到另一本书，从一个知识点链接到更多领域，不断增值、承载、丰富，是一种“知识获得”。

我的知识源泉

资讯是“互联网 + 阅读”中关键环节之一，用户能及时获得并利用在相对短的时间内给自己带来价值的信息，通常包括社会、娱乐、军事、财经、科技等覆盖方方面面的内容，用户阅读使用后可对其评论、对他人观点进行评述、与网友交流看法，形成一定的反馈。

从基于大数据、人工智能技术及情感计算的新闻产品，到基于用户的喜好和习惯匹配个性化信息，进行精准推荐，让信息更精准连接到人，实现从用户主动寻找信息的“人连接信息”模式，向信息主动精准找到人的模式转变，以及探索深层次资讯和完整全面的新闻，满足人们的阅读需求，从而集中用户的注意力，使深度阅读成为可能，数字化阅读成为知识获取的“电子阶梯”。

手机影院

“互联网＋电影”的模式在过去的几年中迅速占领了电影市场，从买票、观影、影评、影院服务等全面拓展，促进了电影企业（包括院线、票房）向互联网的转型，为线上线下的电影产业和影院服务的深度融合，开辟出一片天地，让手机成为影院的重要服务。

各类电影票预定 APP 横空出现，观影者可以通过手机 APP 实现网上订票，不再需要为了排队买票而提前抵达电影院、通过大家的影评、预定影票的趋势，真正实现了“电影院放电影”由

手机影院

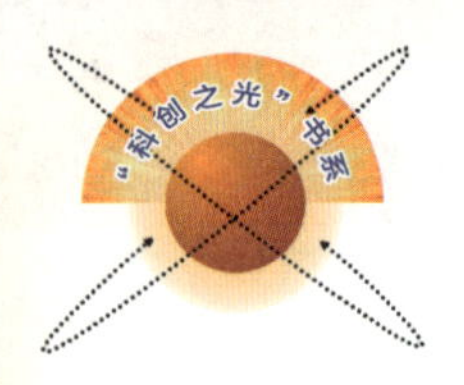

市场决定，各大影院会通过 APP 上讨论社区中观影者的建议来改变排片时间、数量等。

基于互联网相关的技术，结合影片预售量、用户关注度、互动人数等信息，形成影院排片依据准则，既有首日排片建议，也有根据持续反馈滚动的后续排片建议。在线而非离线、自然记录而非线下收集、应用闭环（动态反馈）而不是静态呈现，充分利用“活数据”来为影院增加宣传效果及收入。另一方面，观影体验也在不断提升，观影者对于观看的效果、想法也能及时表达，社交化的观影过程，拓展了个人社交范围，通过一部电影结交到志同道合的朋友、知己等，亦非难事。

更重要的是，这些观影体验的反馈，有效地支撑了电影产业在制作过程中，对消费群体的掌握和把握，为生产出更多更优秀的电影起到了潜移默化的作用。

重塑新金融世界

互联网金融是在新一代信息技术的基础上，为满足金融业务需求而产生的金融业务模式。互联网金融的参与者深谙互联网“开放、平等、协作、分享”精髓，通过互联网、移动互联网、物联网等工具，使得金融业务更透明度、参与度更高、协作性更好、中间成本更低、操作更便捷等。互联网金融是传统金融的有益补充，对促进经济转型发展和“互联网 +”战略落地推进具有重要的实践意义。

互联网金融的概念于 2012 年逐步被业界认同，并受到了积极关注。一方面互联网金融改变了传统金融模式和运行架构，大幅提高金融运行效率，另一方面，互联网作为一种技术手段和营销渠道，实现了对传统金融的有益补充。基于互联网的新金融模式，从支付、货币、融资和信用等方面的不断改变，重塑了新金融世界。

不断改变的支付方式

支付是国家经济金融正常运行不可或缺的基础与平台。随着互联网技术与金融业务模式的逐渐结合，在互联网金融的驱动下支付方式迅速发展并演变出诸多创新模式，形成了全新的支付领域——第三方支付体系。它不仅是互联网金融创新的代表，更是现有支付体系中不可或缺的重要组成部分。

从 2005 年瑞士达沃斯世界经济论坛上，“第三方支付（the third party payment）”的提出到现在，基于网络的第三方支付模式深刻地改变着支付理念和行为习惯，不断扩展着金融支付体系的变革。网购进一步促进了第三方支付的发展，通过在消费者和商户之间搭建起便捷支付的桥梁——第三方支付账户，有效解决了跨行、跨地的支付问题，通过信用中介的方式保证交易安全。

移动通信技术与互联网技术的有效融合，解决了支付过程中众多的不确定因素和安全问题，以移动支付为代表的新生力量利用电子钱包、支付应用、二维码扫描等网络技术，开启了移动电子商务的新篇章。

电子支付

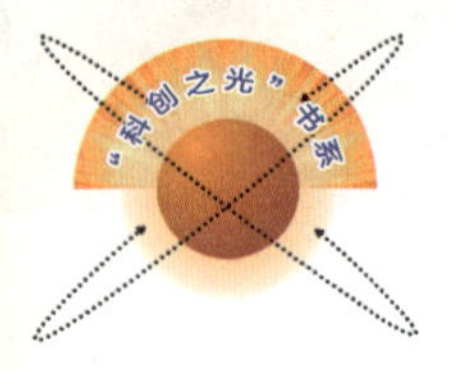

普惠的众筹和融资

金融行业一种典型的业务模式就是融资和借贷。在互联网时代，众筹和融资作为一种新型的网络融资手段，在规避风险和安全保障的基础上，能够有效满足个人和中小企业的资金需求，支持多样化的筹资意图。从灾难捐赠到图书出版，从艺术家狂热的粉丝支持，到政治竞选、筹钱创业等。这种模式改进和完善了传统的融资模式，资金的来源者不再局限于风投、银行、资本市场等渠道，而是来源于大众，开创了人人皆可成为投资人的新模式，不仅降低了创业者的融资门槛，而且为企业的市场营销提供了新的手段。

一种典型的众筹和融资模式就是投资者对互联网平台的项目进行投资，通过未来的收益获取利息并收回本金。同时，投资者也可以结合自己的需求，通过安全可靠的私募平台，购买相应的基金等，进行资本的运营。

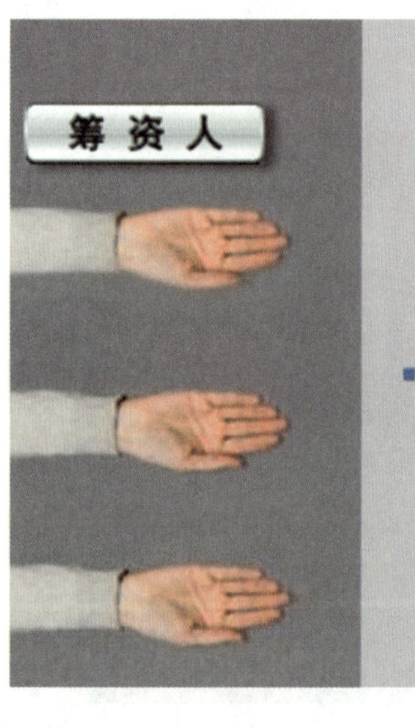

网络众筹

股权众筹是互联网金融业务中一种非常重要的业务形态，是新金融体系中资本市场业务一种重要的融资形式。根据国际证监会组织（IOSCO）的定义，股权众筹是指通过互联网技术，从个人投资者或投资机构获取资金，充当股本金投入融资企业的金融活动，其主体包括融资方、投资方、众筹平台三个要素。

公益众筹是红十字会这类非政府组织（NGO, Non-Governmental Organizations）的在线捐款平台上进行捐赠众筹的雏形，如：有需要的人由个人（本人或者其他知情的人）提出申请，再由有公募资格的非政府组织做尽职调查、证实情况，并在网上发起项目，从公众募捐。

在金融领域中任何一种众筹或融资模式，新一代的互联网技术都在技术层面上进行了多种有效的补充，不断地完善和重塑着新的金融体系，实现最终的普惠金融世界。

属于每个人的信用体系

良好的诚信体系是当前社会正常和谐发展的基础，特别在互联网环境下，买卖双方由于空间上的隔离，无法像传统贸易环境下的“眼见为实”。完善、可靠的互联网诚信体系的建设是“互联网 +”可持续发展的重要基石。

传统征信的特点有四个：由征信机构进行专业化、牌照式经营；“小数据”，以金融交易为核心，集中分析财务数据，一般只有几十个数据项，主要涉及收入、资金及抵押状态、担保情况等。互联网征信从根本上改变了传统“基于结果的征信”模式，通过基于大数据的“行为分析”，提供了更加可靠诚信的征信体系。

互联网征信是指互联网交易平台、电商等互联网机构开展的全网海量数据采集、处理并直接应用的信用管理服务。互联网征信是通过线上非定向的获取各种数据，从而对互联网主题的信用轨迹等行为进行综合描述。

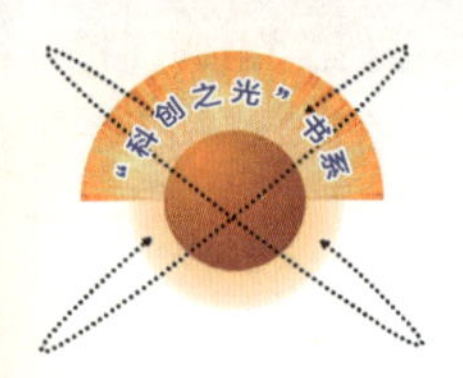

互联网征信的数据来源广泛、信息全面、不拘泥于财务类，既包括财务资产类，也包括诸如社交行为、文字言论、谈话语音、图片，甚至交友情况等，是个人信用真实的反映，互联网征信是传统征信的业态升级，未来是互联网征信的时代，能够实现真实反映每个人信用，建立“属于每个人的信用体系”。

公共服务掌中宝

公共服务关系到每个人的生活，从医疗到政务服务，互联网技术不断地深入应用，从最初的医疗知识普及、文献查询，到最新的医疗门诊、预约、专家咨询、导医等，从市民信箱、政务公开到最新的网上办事，“互联网 + 政务”服务已经来的我们的身边。

医疗服务“面对面”

所谓“互联网 + 医疗”是传统医疗与互联网技术的融合、线上方式与线下方式的结合，利用互联网技术服务于传统的医疗活动。其主要应用的内容按诊疗时间来划分，分为诊疗前、诊疗中、诊疗后 3 个环节；按诊疗内容，分为医院挂号、检测诊疗、药物购买、健康检测、支付与保险 5 个模块。截至 2016 年 12 月，中国互联网医疗用户规模为 1.95 亿人，占网民的 26.6%，年增长率为 28.0%。其中，医疗信息查询、网上预约挂号用户使用率最高。

在具体的医疗服务中，目前已经通过“医联工程”等相关的服务，实现了通过互联网完成门诊挂号、门诊缴费等诊前工作，不再“浪费”看病前宝贵的时间，缩短就医前等待的时间。通过医保服务，解决患者看病“三长一短”（即挂号、收费、取药时间长，医生看病时间短）的问题，提高就诊效率和群众满意度，简化就医流程，将传统的“七步医保就医”缩减至“四步”，是“互联网 + 医疗”领域最佳的实践。

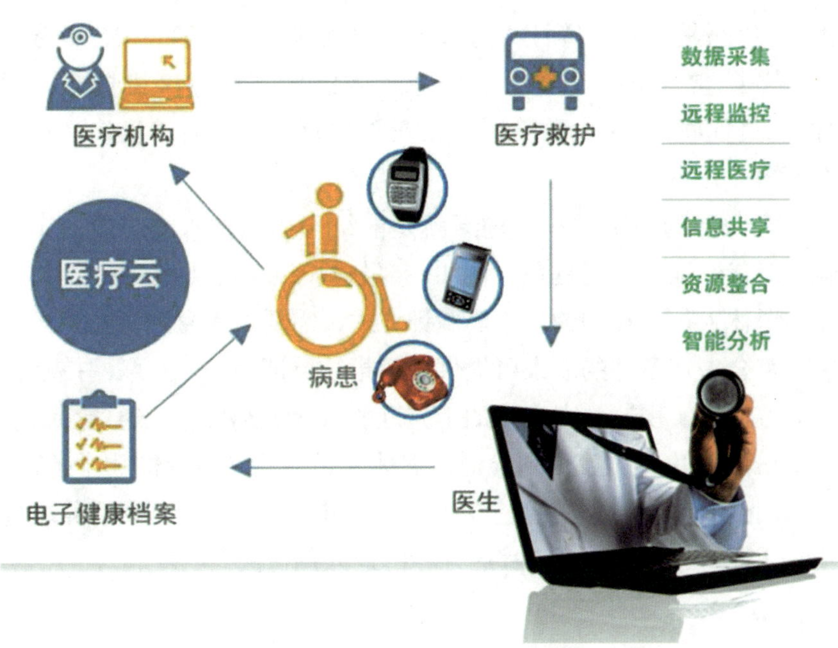

远程医疗

在线的“寻医问诊”和“远程医疗”模式，大大地方便了患者和医生的沟通，患者能够通过在线“真实、可靠、快捷”的方式，足不出户用图文和语音方式将自己的病情告知医生，从而完成医生问诊的全过程，并得到专业医生的指导，达到初步了解自身病症所“暗示”的真实情况。另一方面，远程医疗也日益成熟，借助于智能系统和专家系统，能显著降低患者前往医院、急诊室看病的频率及入住养老院的比例，更多患者在家就能实现监控、诊断、治疗、保健的目的。麦肯锡研究报告表明，在美国和加拿大，2014 年执业医生诊疗次数约为 6 亿次，其中约有 7 500 万次通过远程技术实现，远程诊疗市场的规模有望达到 500 亿～600 亿美元。

不用证明“我就是我”

现实生活中有各类奇葩证明，据新闻媒体报道，在生育、迁移、定居等人生大事的证明中，多次需要开具证明“我是

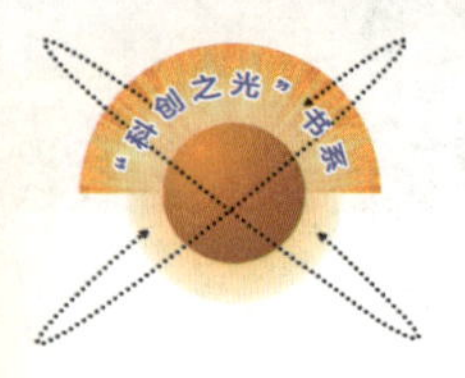

我”“我妈是我妈”等让人忍俊不禁的证明材料。在2015年召开的国务院常务会议上，李克强总理曾痛斥某些办事机构：证明“你妈是你妈”，天大的笑话。在互联网时代，证明“我就是我”，将不再是难题。

互联网的一个重大的创新就是能结合信息技术的应用，实现刷脸时代，证明我就是我。例如，部分城市在养老金发放中，为了证明退休人员健在用的是指模验证方式，需要老人家到所在社区办理，符合一定条件的老人可提供上门指纹验证服务。互联网技术将更加方便地实现这一点，借助于先进的人脸识别技术，通过在线上传身份证照片、人脸识别验证，退休人员无论在世界的哪个地方，不用回到居住地，只需通过终端对脸部进行扫描，即可获取养老金领取认证，为行动不便、移居外地的老人创造极大的便利。

刷脸时代

另一方面，电子身份证也是“互联网 + 政务”应用的创新，通过电子身份证，实现远程身份验证“最后一千米”，是智慧民生的重要体现。当前电子身份证已广泛应用于全国多个省份城市。使用电子身份证，可以直接实现治安检查、收发快递等功能，“电子身份卡”同样可以用于网上预约办理身份证和出入境证件、酒店入住、场馆检票、车站机场安检等功能。

政务服务“随时随地”

在政务服务领域，在传统的信息化功能服务之外，“互联网 + 政务”的公共服务模式取得了长足的进步，通过对政府权力的流

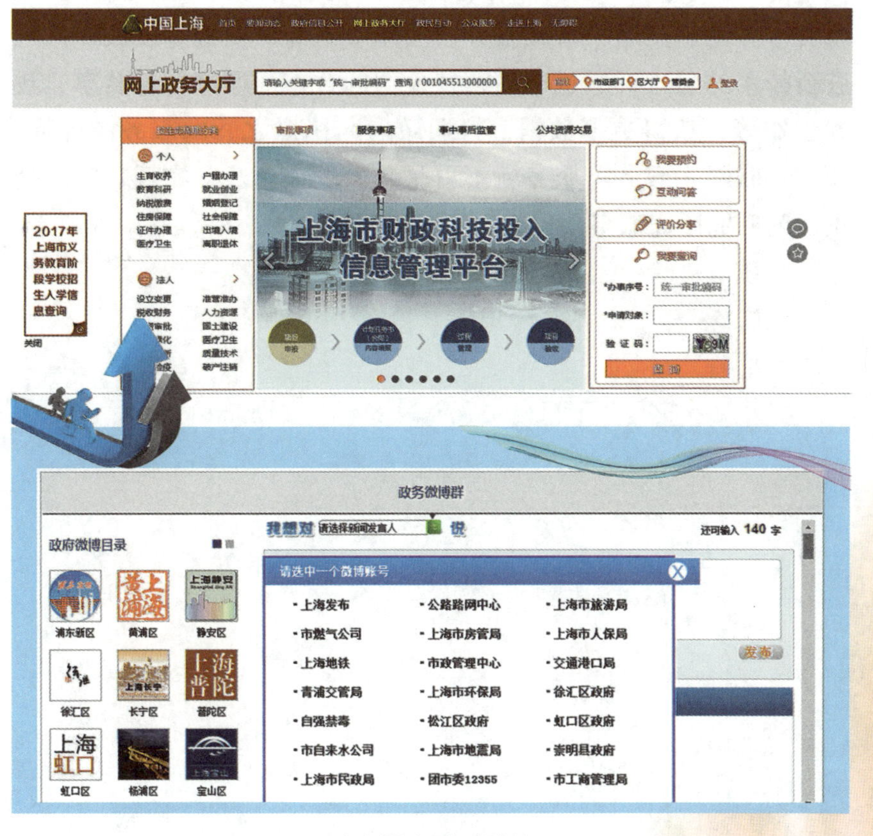

政务服务随时随地

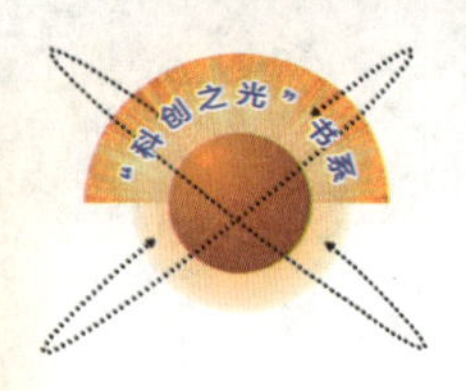

程和轨迹进行闭环管理，不仅可以让老百姓少跑腿、多办事，还促进了将权力关进透明的笼子，实现了公共服务可记录、可跟踪、可评议。

基于互联网的身份认证，打通了"互联网＋政务"连接用户端的瓶颈，促进了新机制的不断建立，则让政府和公众之间的"连接"不断变强，新的政务应用得以应运而生。例如反馈评价机制，在互联网场景下，公共服务被记录、被跟踪、可评议，权力运转的过程更加清晰明了。现如今，多个政务服务网上都会提供给用户一个评价功能。假设某项服务得了差评，政府部门则会马上有人跟当事人联络，了解问题的所在，更好地为用户提供服务。

另一方面，"互联网＋"的思维也促使政务方面更加深层面的改变，养老、交通、市民服务、法律、工商、质检等领域积极推进新技术的引入，通过与高科技公司的合作，通过信息共享、政务合作等，获得更多数据，打通政府与民众之间的服务的屏障，让"互联网＋政务"服务就不再是政府的独角戏，实现真正的公正、公开的阳光服务。

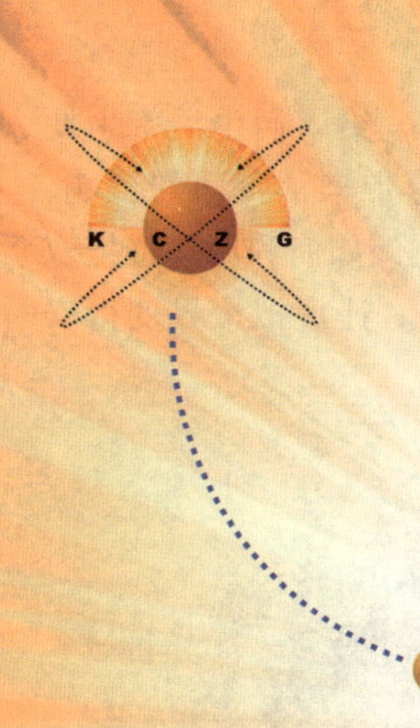

走出互联网世界中的阴影

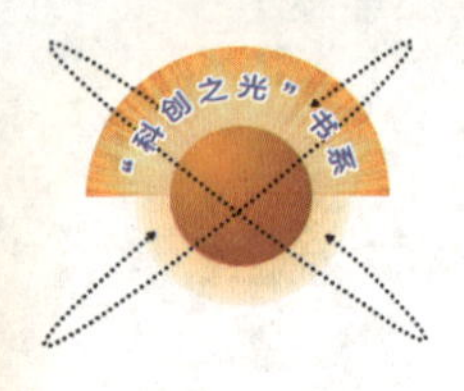

互联网是一把双刃剑，利用网络技术，给人们生活带来便利的同时，也对人们的思维、行为方式等带来了负面的影响，让人们变得“孤独”“沉迷”“不堪一击”。该如何利用好这把双刃剑，让自己不再孤独、不再沉沦于网络，让虚拟世界变得安全、纯净？

互联网世界中的阴影

打破喧嚣中的孤独

手机与电话的普及，微博、微信等社交网络平台的出现，让沟通看似越来越简单，技术让人们前所未有地“亲近”，可这是否让人类陷入了更深的孤独？通讯录里号码上百，然可聊之人寥寥无几，朋友圈里刷新朋友生活动态，而相交渐渐趋于点赞。另一方面，在无须面对面的网络世界中，藏身于电子屏后的孤独家们，不小心走入了极端：有人深陷于自己的小小世界而患上了社交障碍，成为低头族、拇指族，更甚者以键盘为武器肆无忌惮地“生事”找“存在感”，该如何打破喧嚣中的孤独，不再做孤独中的大多数。

社交障碍

据新华网报道，武汉的杨先生——一个在网上能力超强的“群主”，在网络上具有很强的交流能力和号召力，但在现实生活中却交流困难，甚至需要用聊天工具和对面的同事说话。心理医生对此分析：在竞争加剧、心理压力增大的情况下，便捷而又相对封闭的聊天工具成了排遣渠道，使人沉迷网络而乐此不疲。又因为“虚拟世界”没有眼神和动作的交流，久而久之使其社会交往能力退化，最终导致社交障碍甚至自闭症等心理问题。

根据研究发现，年轻人花在社交媒体上的时间越来越多。在参与调查的19～32岁年轻人中，刷微信、QQ、论坛等网聊活动占据了越来越多的时间。过度借助网络社交，使人长期处于一种相对封闭的状态，这种“网络中积极活跃，在现实中却沉默寡言”的“小问题”会渐渐影响人们正常的工作和生活。因为网络聊天成瘾而导致的社交障碍，确实该让人引以为戒。

消除个人心理畏惧 一些人的网络社交能力十分强，但现实社交能力却非常差，导致网络社交能力与现实社交能力形成鲜明的对比。此种情况使人们在心理上产生落差，久而久之就会对现实社交产生日益不自信甚至排斥的心理，从而使得自身现实社交能力越来越弱。

社交障碍

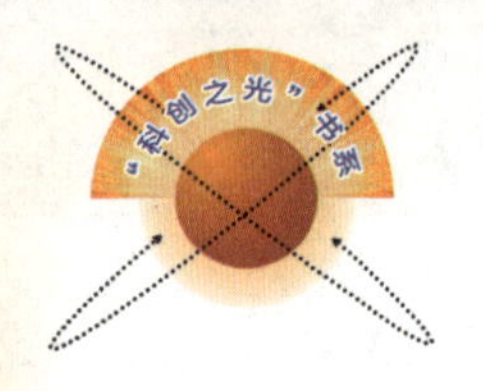

打破交际圈的壁垒　网络社交的隐匿性使在“虚拟社会”里交往双方的年龄、性别、职业等诸多的社会性得以剔除，人们纷纷拿着手机、敲打着键盘在网络上寻找“真心人”。而现代生活节奏快、压力大，人与人之间的关系的越趋冷漠，更让不少人心生“现实生活交际太累”的想法。“重网交、轻社交”变得日趋明显。

现实生活太过于纷繁复杂，网络这片虚拟世界给人莫名的“安全感”。然而人和人之间不确定性太多，虚拟对虚拟让人难以形成真实可靠的关系。在线上你或许能呼朋唤友热热闹闹，可线下你依旧无人做伴尴尬一人。好友圈巨大的“水分”以及线上线下落差的空虚，让你对自己的真实生活愈发感到无趣。

孤独社交

对于沉迷于构建虚拟人际圈的情况，实则是缺乏真实朋友，大多现实交际圈太小。应积极参与生活中的各种交际活动。比如：同学聚会——让你和老朋友重新保持联系、公司活动——让你对同事有了新认识、兴趣班或者户外运动——结识志同道合的新朋友……不惧现实生活的繁杂，以开阔接纳的心态打破自筑的交际壁垒，一个现实生活充实并充满热诚的人，会发现并构造身边的新天地而不局限于一方小小电子屏中。

拒绝人工智能移情 人们对于人工智能过度依赖成为当前的另外一种社会问题，使用者可以与人工智能助手进行交流互动，完成搜寻资料、制定日历、设定闹铃等许多服务。人们持续将一些情感赋予其身上，然后将其想象成我们的朋友或伴侣。有了“他”以后，似乎就可以玩上一整天了，还需要和别人说话？

人工智能社交

“世界上最远的距离莫过于我在你身边，你却在和siri谈笑风生。”截至目前，科技是无法代替人类的情感本能的，它不懂什么是请，什么是谢谢，不懂什么叫我爱你。它只是被输入了这个语言指令，没有灵魂，没有情感。将关心和调侃留给身边的人，父母的唠叨、朋友的贫嘴、对象的撒娇……远比电子语音更富有温度，更让人依恋，毕竟单向的情感投射终究会使人厌倦和疲惫，应该将更多的时间留给身边的人。

低头族

“睡前要做一件什么事？”“玩手机。”

“一个人的时候喜欢干什么？”“玩手机。”

“生活中离不开的一样东西是什么？”“手机。”

曾几何时，我们养成了早晨起床和晚上临睡前捧着手机先刷一会儿的习惯，手机上代表信息提示的小红圈全点完才肯罢休。无论在地铁上、公交上，或是走路、吃饭时都低头看屏幕，通过

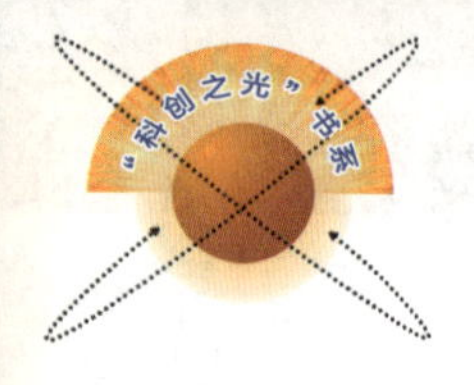

盯住屏幕的方式把零碎的时间填满。这种因专注于手机而冷落周围人的人群，澳大利亚麦肯和麦考瑞（Macquarie）大辞典联手起名为“低头族”（英文称之为“Phubbing”，由 phone（手机）与 snub（冷落）组合而成）。

随着全球移动互联网 4G 时代的到来，人们习惯在网络的虚拟世界里获取便捷的信息、进行娱乐休闲活动，大批的“低头族”随之衍生，且近年来俨然成为社会一大“潮流”。首都师范大学心理咨询中心提供的一项调查显示：77% 的人每天开机 12 小时以上，33.55% 的人 24 小时开机，65% 的人表示“如果手机不在身边会有些焦虑”。由此可见，由手机依赖症所引起的“低头族”现象已经成为一个社会性的话题。“低头族”的行为不仅不利于个人身心健康的发展，同时对社会交通、家庭氛围等方面也存在潜在威胁。

自我调节 不停地刷新朋友圈动态、微博热点、新的段子、新闻、八卦……一空下来不玩会儿手机，就不知该如何是好，不“刷新”一下就仿佛错过了全世界。上课刷刷刷，开会刷刷刷，打乱了学习计划或工作节奏，沉迷不悔地让“低头”行为严重侵蚀原本正常的生活和工作。

对此，首先要充分调动主观能动性，保持健康心理。剔除那些无效的社交、层出不穷的无聊资讯，正视手机在生活中的正确位置，摆脱盲目追逐潮流。在纷繁炫目的网络世界中，找回自身的控制能力，清晰意识到让科技改变生活，但不能让科技操控生活。

家庭教育 网络上曾热议过一张照片：在家庭聚餐中，小孩们围坐在一起不约而同地低头玩 Pad。玩手机再不是年轻人的专利，现在连幼儿园的孩子也渐渐耳濡目染加入了“低头族”的队伍。

“4 岁宝宝近视 200 度，小朋友视力从 1.0 降到 0.5，眼科诊室外孩子排排坐……”“玩游戏、读童话、看动画都离不开 Pad，现在已经对电视不感兴趣了。”“每天放学一回家他就拿起 Pad 玩

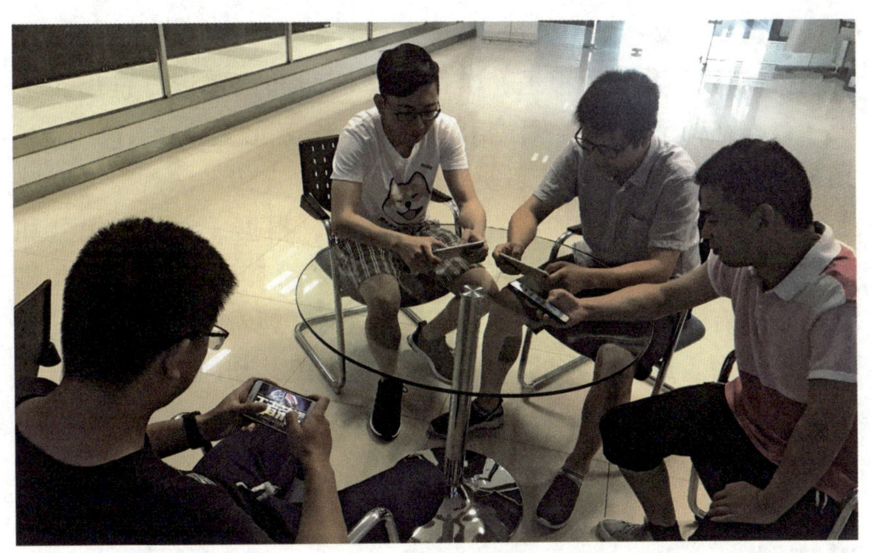

低头族

游戏，其他什么都不想干了，字也不练了。”这样的抱怨声日益在爸爸妈妈的口中多了起来。然而，“00后”的孩子是完全网络化的一代，一出生就伴随着各种电子产品，禁止孩子使用显然不太现实。首先父母应给孩子树立正确的时间观念。若孩子出现了歪头、眨眼等情况，说明眼睛已经出现疲劳，建议及时让孩子停止使用。

其次，解铃还须系铃人。一些家长痴迷手机/Pad/电脑，总是“低头”，却忽略了孩子们陪伴的需求。久而久之，孩子们染上手机或是平板电脑“依赖症”也理所当然。他们学着父母的样子这里划一划，那里按一按，渐渐地被里面的新奇所吸引。因此，父母抬起头来，好好陪伴孩子学习和玩耍，这是戒掉孩子这种瘾的最理想途径。

政府干预　公交车上玩游戏，等红灯时看短信，过马路时刷微博，这些不分场合、随时随地低头玩手机的“低头族”越来越多，随之增多的是由于低头而频繁引发的车祸。据数据显示：酒驾和吸食大麻后的反应时间，分别慢12%和21%。比酒驾等更甚的是驾车时用手机发短信，反应时间整整慢了35%，“低头族”

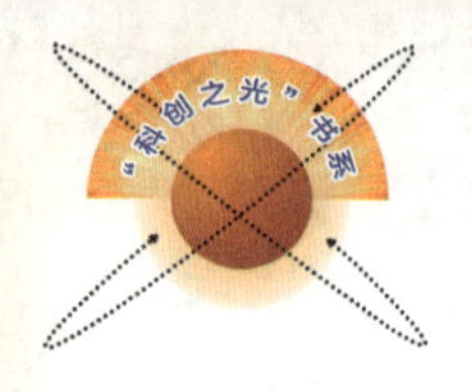

已成马路安全又一新生“隐患”。

据美国广播公司报道，美国新泽西州利堡镇近日推出新法规，行人在街上边走边发短信将被罚款 85 美元（约合人民币 536 元）。当地警方自从 3 月起便对居民发传单宣传新法规，并对路上的“危险行人”严加看管。而在中国，根据《中华人民共和国道路交通安全法实施条例》第六十二条第三项规定：“驾驶机动车不得有下列行为：拨打接听手持电话、观看电视等妨碍安全驾驶的行为。违反规定的将依据《中华人民共和国道路交通安全法》第九十条规定，处警告或者二十元以上二百元以下罚款。同时还要记 2 分处罚。”

键盘侠

“键盘侠”一词源于一幅名为“keyboard man”的漫画，该漫画讽刺在真实世界里胆小怕事，在网络世界却大放厥词仿佛是英雄的一种现象。而随着一篇名为《激励见义勇为不能靠“键盘侠”》（2014 年 6 月 4 日，《人民日报》发出）的时评被各路媒体纷纷转载后，“键盘侠”这个词在网络上迅速火爆起来，大量的衍生作品、网络段子开始占据电脑版面，吸引网民们的眼球。随后“键盘侠”之“侠”的色彩渐渐退却，成为网络上另外一个贬义词。

第一类：插科打诨博眼球 这类“键盘侠”在键盘上舞刀弄枪大玩文字游戏，紧跟热点积极打开自己的大脑洞，创作一些“诙谐幽默”的评论，在网络上对各类人评头论足，以获取被关注被点赞被回评的喜悦。这些所谓的“神回复”在一些名人微博下的热门回复中，更是屡见不鲜。

如作家韩寒曾发博文：“我已经把车开到了极限，你却还是那么淡然。”并配上一张和女儿小野同骑玩具车的生活照。一股亲子欢乐气息还在酝酿时，“键盘侠”们立马跟队回复：“脑瘫男子智力停留 5 岁，25 年每日倚门傻笑吓坏行人。”“带着这么自

high的老爹出街，真丢人啊。”

第二类：线上线下双面人 现实生活中胆小怕事自私自利，网络上行侠仗义大放厥词，大概就是这类“键盘侠”最完美的概括了。他们活跃在各种评论区，迅速抢占道德制高点大声宣称他们代表“善”，并利用键盘谴责他们所认为的“不善”。他们显得理直气壮、义愤填膺。

从“招远血案”后的群情激奋，到“小悦悦事件”的口诛笔伐，评论区里的人们显得尤其高尚正义、充满爱国情怀。而在现实中，“路见不平拔刀相助”的事少之又少，拍照发帖低头评论，他们又成为冷漠的大多数。

“键盘侠”

第三类：一言不合就开骂 这一类型的“键盘侠”，简单粗暴，张嘴就是脏话，富有攻击性。他们借助网络新闻事件或者焦点新闻人物甚至陌生人的一条状态，肆意发泄攻击，以挑刺找茬为乐趣，甚至有时忽略事件本身，以挑起冲突为目的。通过这种带刺的语言暴力来实现“霸屏”，并引起人们的关注。一旦有另

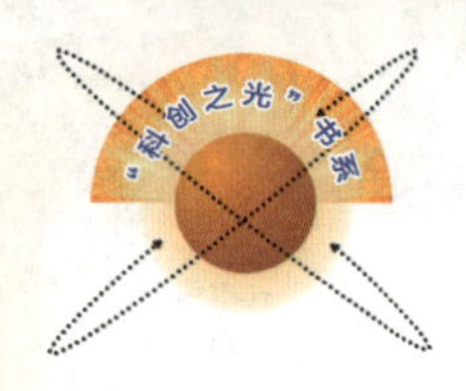

一个个体或群体站出来和他们进行互喷（或者是客观评价），这一群体的需求就算得到满足。得到关注的“键盘侠”们便似打了鸡血般，情绪更加高涨，言辞更加犀利。

2016年，外国社交平台推特（Twitter）也因键盘侠的大量出没，陷入用户增长危机。CEO科斯特洛在发给员工的一封邮件中，无力地感叹：“推特上出现了许多‘喷子’，他们的在线骚扰，让推特的用户体验糟糕透顶。”

有社会学家分析：“键盘侠的出现，是由于生活的压迫，他们在现实生活中往往是被暴力的对象，于是他们只能选择到一个虚拟的世界去寻求一种平衡。”他们通过网络，通过键盘，获取关注，获取认同，甚至是获取反驳，来寻求一种存在感。而他们身上或多或少的怨毒，让人心生寒意，却又拿他们无计可施。

网络时代，很多人面对屏幕、通过敲击键盘，打着“言论自由”的旗号，随意发出各种伤害性的言论而无须负责。这种行为客观上干扰了其他人的观点表达，进而对网络舆论的“风向”形成了误导，严重影响了外界对网络舆论的判断。更可怕的是，有些口水化的网络语言掩盖了那些少数的理性发言，让网络上的理性思考淹没在情绪化、碎片化的文字暴力之中。

人人都可能是“键盘侠”。因此我们不仅应对自己敲下的每一个字符负起责任，更应该按下键盘的力量去说实话做实事，真正地维护网络秩序和社会秩序。

摆脱让人上瘾的网

如果说仅仅是沉迷于人机对话或以计算机为中介的交流，可能容易培养人“孤独、紧张、恐惧、冷漠和非社会化”的网络性格。而那些对互联网虚拟世界的过度依恋和过度使用，让人产生更大的身心损害，难以自拔。必须通过自我监督、政府的监管双管齐下的方式，摆脱如网游沉迷、网络赌博、网购成瘾等让人“上瘾”的网。

网游沉迷

成都某高校的一个大学生，几乎把所有时间都拿来打游戏，并开始拒绝参加同学聚会和活动。大约两个月之后，他发现自己思维跟不上同学的节奏，脑子里想的都是游戏里发生的事，遇到事情会首先用游戏中的规则来考虑。他开始感到不适应现实生活，陷入了深深的焦虑之中。

沉迷网吧

网络游戏成瘾引起的社会问题已经出现。在网络游戏的虚拟世界里，人们不需要面对现实中的挫折，不需要接受社会规范和其他人的监督，可以随心所欲地宣泄情感。如果任由他们逐步淡化现实社会规范的要求，那么这将给暴力犯罪埋下定时炸弹。

找准“上瘾”心理　玩游戏无可厚非，谁都需要放松。如果你不仅仅是喜欢玩而是已经到了沉迷的地步，那就要引以为戒了。例如：一旦进入游戏就会产生兴奋、激动甚至狂躁的情绪，

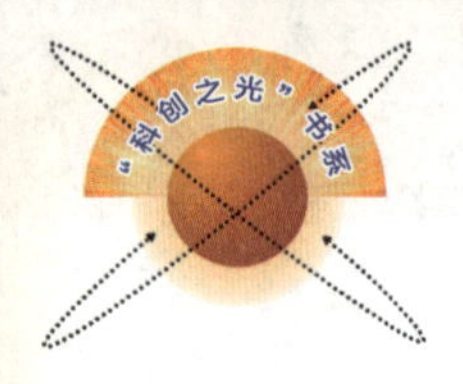

远离游戏这种状态就会消失，并变得萎靡不振，无精打采，甚至影响到正常的工作和学习状态。

为什么游戏会让人上瘾呢？主要原因在于以下几个方面：

（1）成功感。在网络游戏中，玩家通过升级能获得一种成就感。级别越高、装备道具越高级，越能得到大家的拥戴，有种众星捧月的感觉。

（2）自我感。在游戏中玩家可以扮演各种角色，把握角色的命运，会产生一种自我中心感。

（3）真实感。现在的大型网络游戏的背景、音乐、视觉效果都是国际知名大家精心打造，利用最新的现代信息技术，创造出了逼真的虚拟现实，这些高真实度的视听环境，给游戏玩家带来了强烈的视听震撼和真实感。

（4）协作性。在网络游戏里，青少年可以和众多的玩家一起游乐，也可以和其他玩家互相交流玩游戏的经验和快感。

（5）交互性。网络游戏是一种人机交互式的游戏，游戏中的每一步都可根据玩家自己的想法去实施，而游戏程序本身又能够对玩家的这种操控做出实时反应，继而玩家又必须及时地对游戏程序的反馈立即做出下一步的判断和行动，这种人机实时互动也使得玩家无法很快地从游戏中脱身。

（6）情感宣泄。任何一个人生活在社会中，必然受到各种各样的约束，这是非常正常的。如果某种约束长期存在，就会造成人心理上的压抑，因而造成精神上的崩溃，总想找个合适的机会去宣泄。而游戏玩家利用鼠标、键盘、游戏手柄，通过网络游戏，可以无拘无束尽情地宣泄自己长期所受的压抑。

（7）心理耐受度。现在网络游戏的难度级别设定非常符合人们的心理耐受特点，游戏编制者根据人的心理耐受度，将网络游戏分成若干等级，每个难度等级都使玩家不能轻而易举完成，又不会使玩家怎么努力都无法实现，充分满足了玩家的征服欲望。

从以上的分析可以看出，要克服这种游戏心理上的依赖点，需要从根本上解决问题，一方面通过不断减少游戏时间和游戏强度，来降低“不断玩游戏才能持续开心”的精神依赖；另一方面，需要寻找除了游戏以外的同样能获得类似心理满足的其他活动，逐步转移视线以摆脱“游戏是唯一”的局限思维。

反复性戒断过程 网络游戏沉迷者在玩游戏的过程中也会逐渐认识到游戏对自身带来的伤害，也会适时地对自己的沉迷行为进行反省，产生心理斗争，也会做出远离网络游戏的努力。即使面对家人和朋友的劝说，加之自己的决心，然而重新进入游戏便立即失去自我，无法自拔，如此反复。

该群体通常自我控制能力较弱，他们虽然在家长和老师的不断教育下有一定正确的价值观，对自己行为的危害有一定认识，但又极易受到“从众”心理的影响，最终导致出现“戒了玩、玩了戒”的死循环。

这并不意味着无法戒除，以一个网友戒掉的 LOL 为例，他先戒掉排位赛，只玩匹配模式，慢慢将打这个游戏的心态从一种职业性质转化为娱乐，继而又变为消遣。一两个星期以后开始只玩极地大乱斗模式，在这个阶段基本上就已经开始不正经打游戏了，对于胜负都不在乎了，只顾玩得开心就好，逐渐从网络游戏的漩涡中挣脱出来。与此同时，家长应当给予网络游戏沉迷者关爱和信任，鼓励并监督他们摆脱网游。

重塑网游规则和体系 目前，中国有关部门已经认识到网络游戏成瘾对青少年心理健康产生的严重危害。由于大多数年轻人是在网吧上网，因此，开设网吧在中国受到了严格限制：网吧与学校的直线距离必须在 200 米以上、非节假日时间在校学生不能进入网吧、未成年人在一定时间段不能进入网吧、上网必须出示有效身份证明等。

中华人民共和国文化部发布的《关于规范网络游戏运营加强事中事后监管工作的通知》网络游戏运营企业不得为使用游客模式登录的用户提供游戏内充值或者消费服务，游客必须进行有效身份证件认证，方可充值和消费。

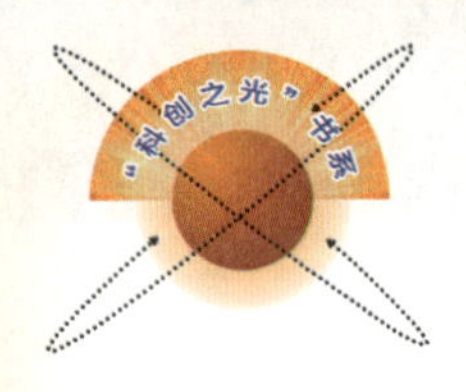

对网游公司来说，自觉遵守国家的法律法规，自觉抵制不良游戏内容，要站在企业长远发展的大局上来设计网络游戏。对网游行业来说，成立一个负责行业监管和自查的网游协会十分必要。对网络游戏进行审查和分级，也将是防止更多年轻人沉迷网络游戏的有效途径。为中国网络游戏的健康发展创造一个良好的环境空间。

网络赌博

网络赌博，是指以现代网络通讯技术和电子金融支付手段为支撑的新型赌博方式。以其得天独厚的隐蔽性强、操作迅速、不受时空限制的"优势"，加上刺激性、互动性等特点，成为目前严重扰乱经济社会秩序健康发展的一大恶果。赌客们在网络中一掷千金的"豪迈"并不亚于现实赌场，甚至更加肆无忌惮。网络赌博如同一个巨大的黑洞，不断地吞噬民间资本，对经济发展形成极为恶劣的影响，更易引发追债纠纷、暴力冲突等社会治安问题，败坏社会风气。

网络赌博造成危害巨大，需要国家和社会方方面面综合考虑，从以下几个方面进行打击和防范：

（1）综合治理，建立各部门相互配合的长效机制。首先，运营商、银行等单位应密切配合公安部门综合治理，彻底粉碎网络赌博的生存空间，净化社会风气，共创一个绿色网络家园。其次，媒体应该承担重大的宣传责任，对网络赌博的危害性进行大量的宣传，让大家清楚地意识到网络赌博产生的严重后果，营造全民反赌的气氛。最后，所有的网络公司和上网者应该自律，要意识到自己身上的社会责任，发现相关赌博站点，应该及时举报。

（2）完善立法，加强监管。《中华人民共和国刑法》第303条对赌博罪有明确的规定，但对于对网络赌博进行认定没有进一步说明。只有通过相关司法解释工作，明确网络赌博犯罪的证据标准和有关电子证据的法律效力问题，才能保证打击活动顺利开展。因此，中国必须完善立法，加强监管，从重处罚网络赌博行为。只有形成巨大的威慑力，网络赌博现象才有可能消失。

（3）加强禁赌技术的研究。网络赌博的泛滥很大原因是基于网络技术本身的特点，说到底是个技术问题，以新技术克服技术本身引发的弊端是值得尝试的。例如，可以通过技术手段屏蔽国外赌博网站的网址、要求网络服务商取消赌博站点的接入等。针对网络赌博取证较难的问题，还应该建立专业的司法鉴定中心。

（4）合理借鉴其他国家的治理经验。世界各国都在积极打击日益猖獗的网络赌博活动，美国是最早“封杀”网络赌博的国家之一。2003 年，美国众议院通过一项法案，决定对互联网赌博活动加以限制，主要做法是限制美国网民使用信用卡和通过银行账户向国外赌博网站支付赌金。

网购成瘾

据普华永道发布的《顾客主导市场》调查报告显示，“在接受调查的中国消费者中，约七成每周至少网购一次，是欧洲消费者的近四倍，美国和英国消费者的近两倍。”不同于单纯的热衷于网购，网购成瘾对时空的认知产生明显差异，忘记时间的流逝、空间的变化，甚至忘记了自我，完全陷溺于网购环境中。

资深网购达人“梅子黄时雨”自述她的现状：几乎每天都有包裹，有时一天好几个，不收到包裹就难受。那感觉就像经常吸烟的人，突然断货了，非常难熬，坐立不安。正像她所说的，“不是因为买到了什么而高兴，而是享受收到（包裹）的感觉”，买完东西后很解压超兴奋，有一种满足感。网购后能让你随时有收到礼物的感觉，真的会使人上瘾！

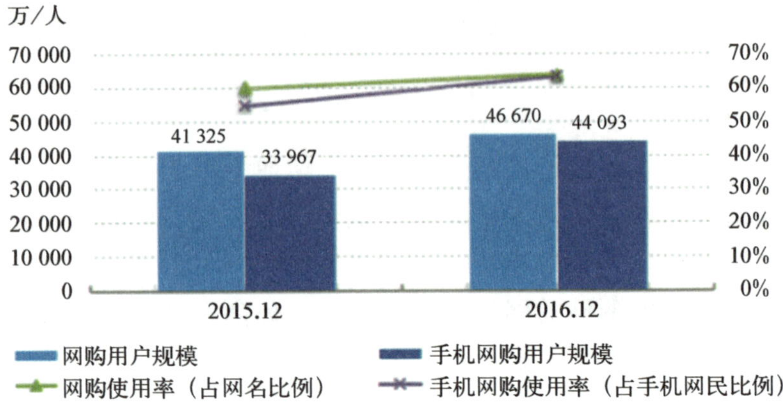

网购统计

网购时非常快乐，看到自己买到的无用的东西或是瘪瘪的钱包时又非常痛苦，日渐抑郁；只要打开电脑就想购物，无论手头有多么重要的工作也无法阻挡你购物的欲望，无法安心工作；过度的购买行为造成的经济危机，信用卡欠债，无力偿还……类似现象在网购成瘾者身上屡见不鲜。

网购本身是为了方便人们购物，是一种购买手段，如果因此成瘾，就偏离了原有目的，把网购变成了个人癖好和满足心理需求的行为，让人纯粹沉溺于购物所带来的兴奋感和满足感。网购带给他们的不仅仅是经济负担、家庭矛盾，甚至赔上了身心健康。

不贪便宜不盲目　首先要培养正确的消费观，分清楚哪些是必要的消费，哪些是不必要的消费。购买商品以实用为主，不要因为网上的各种团购、划算、满百等促销活动，看着比商场便宜不少，就贪图小便宜，从而产生盲目消费或是过度消费，实在是得不偿失。

其次是要自省，思考“我从何时开始迷恋网购，那时发生了什么，我最近过得如何，为何要网购？”这四个问题，可以从心理上帮助进行自我探索，梳理、调整、厘清对自己的认知，找出原因，接纳或是改变自己。

研究显示，每周上网时间达10小时以上的用户比较偏好网上购物。因此，可以通过减少上网时间来预防网购成瘾。

“拖延法”来抗网购 症状不太严重的“网购狂”，想摆脱无休止的买买买，可以先试试“自救方案”。首先要抑制冲动性消费，先把看中的东西加入购物车，延长付款时间，给自己一些时间冷静一下。同时还可以做一个消费计划，将不同用途的钱分开，设定一个网购限额，严格控制自己按照这个标准来操作。还可以给自己设定一个“空窗期”，比如可以先控制自己三天内不买东西，然后将期限逐渐延长，直至完全摆脱买买买的困境。

对于网购成瘾严重者来说，靠理性购物的自觉是不够的。心理压力过大或心情抑郁时，不要将网购作为宣泄途径，可以多与亲朋好友聊天，或者通过运动、读书、听音乐等方式来转移注意力。而对于有深层心理问题的患者，则需要找心理医生进行相应的药物和心理治疗。

拒绝网络谣言

网络谣言是指通过网络介质（例如网络论坛、社交网站、聊天软件等）传播的没有事实依据、带有攻击性、目的性的话语。主要涉及突发事件、公共领域、名人要员、颠覆传统、离经叛道等内容。随着互联网用户的快速增长，网络谣言也相伴而生，而且有愈演愈烈之势。涉及面广，大到国际关系、国家安全，小到个人隐私，没有边界，打破了国家、地域的限制；破坏力强，严重者甚至危害到一些国家安全。网络谣言的广泛性、自由性、破坏性被誉为网络“核武器”，成为时下的一个热点问题。

虽说网络是虚拟社会，但虚拟社会与现实社会密不可分，它是现实社会的折射。无论是有心——网络谣言把谎言包装成

“事实”，将猜测翻转成“存在”，抑或是无意——人云亦云转发传播，都能直接影响现实社会的和谐稳定，扰乱社会秩序，危害社会诚信。应当从自身、媒体、政府等多方位全面拒绝谣言的传播。

伪科学攻陷朋友圈

谣言之高铁辐射严重

2014 年有这样一则消息在朋友圈热传——《高铁确实辐射严重，未婚女性少坐》。文章称，国产高铁存在严重辐射问题，并且为了节约成本而没有采用车厢屏蔽技术以解决辐射问题。于是高铁辐射导致不孕不育的谣言，搞得人尽皆知，更传出了“高铁辐射致乘务员不孕流产”新版本，大量不明真相的围观群众产生了不必要的恐慌，纷纷表示要“珍爱生命远离高铁”。尽管有专家辟谣解释：高铁虽然有辐射，但高铁的电磁辐射实际上属于非电离的辐射，辐射能量非常弱，不会对人体造成伤害，更不会导致女性“不孕”或“流产”。但是补救远追不上谣言带来的破坏。

如今朋友圈什么最多，养生、“鸡汤”、八卦嗑。朋友圈已

食品界的伪科学

成为健康类谣言重灾区。“坐一次飞机所受的辐射量相当于做10次胸透的辐射！”“瓶装水久放车内会致癌！”“可乐倒入牛奶会产生碳酸钙，一起喝等于吞下胃结石！”“一碗白米饭就是一碗糖！”……这些看似科学给人以帮助的“善良”提醒，传播的内容也大多是人们日常生活中会经常遇到的问题，粗略一看好像也有几分道理，然而网络伪科学对网民的误导已是不争的事实。

一些所谓专业的公众号炮制一些耸人听闻的结论，消息毫无依据、内容缺乏基本的科学精神。以夸大的观点或是“出大事了！这些东西绝对不能吃”“医生绝不会告诉你的 ×××”这种哗众取宠的标题来创造话题热点，博取转发和关注。更有些居心叵测的媒体，发布带着营销色彩的伪科学谣言直接或间接地打起了广告，卖起了诸如保健品、瘦身药等。让所谓的“秘方”成了毁人健康的“毒药”。

首先，社交媒体确实容易让人偏听偏信，尤其是涉及健康安全等与日常生活息息相关的信息。而公众之所以愿意去相信和转发，很大程度上源于公众科普常识的落后，真假信息难以辨别。

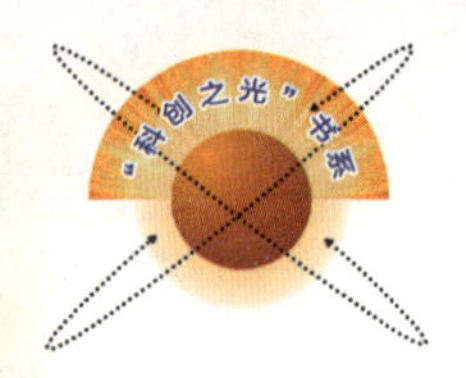

再者，是人云亦云，三人成虎的心理，让“跟风党”根本没有亲自查询验证的耐心。有些人甚至只瞥了眼标题，连内容都未仔细看就赶紧跟着转发。网络伪科学的流毒泛滥也从侧面说明了当前网络文化传播的失范和混乱。

公众三思而后“转” 第八届中国健康教育与健康促进大会曾调查指出，目前，人们对健康相关的知识和技能仍很欠缺，健康教育与健康促进体系建设还很滞后。因此，首先关注一些政府或较为权威的公众号，能有效地从根源上规避那些既谋财又害命的“健康”信息。获悉所需的专业科普信息，从而增强相应科学素养，进一步提高自身辨别能力，不做“伪科学”的盲信者。其次切勿看个标题就盲目转发，要在转发之前多想想、多查查。留心并思考：文章来源于哪里，证据是否充分，是否以商业营销为目的。从我做起，拒绝带有好奇的点击、未经核实的分享，不做“伪科学”的传播者。

媒体们坚守职业操守 科普文章写作不仅需要专业知识，还需要一定的表达技巧。一些机构善意发布的科普文，虽无欺骗的目的，但因缺乏科学支撑，没有对适用人群定位，而成为“伪科学文”，或多或少干扰科学健康知识的正确普及。还有个别媒体或个人存有营销等商业目的，以新、奇、特的观点吸引受众，忽视了科学性。各种伪大师、伪专家、伪偏方、伪绝招，实为利用“伪科学文”博取点击出售广告，甚至直接推销保健产品。

媒体人要珍惜自己拥有的平台和享有的影响力，不仅要严格把关发布的信息，在科普这件事上保证既有专业性又有科普性，更要求真务实，不做“广告党”，坚守媒体人的职业道德，维护好自身公信力。

政府反思及制度回击 朋友圈里医疗健康帖增多，从本质上来看不是坏事，这在一定程度上反映了公众健康意识的有所提高。政府和企业要紧跟时代步伐，善用新媒体形式。一方面要主动传播普及健康常识，另一方面要及时戳破谣言，服务于民。目前，各类平台也在逐步建立谣言数据库，有助于平台方尽快核

共同抵制网络谣言

实、及时处理谣言，从而降低健康谣言在整个平台层面的传播。随着谣言数据库的不断充实，谣言删选、处理也将会提速。

相比政治、时政谣言，健康类谣言的社会危害不是那么直接，法律上很难给予严厉制裁，通常是删稿了事，造谣传谣者的违规成本非常低。因此，未来在监管方面，不仅应做好公众账号备案，对自媒体的言论及传播内容进行监督，在出现违规行为时可以及时处理。更应制定相应的规范措施，建立处罚机制、提高违规成本，使各公众账号自觉杜绝谣言的传播。

扰乱视听的“水军”

早在 2010 年 8 月 6 日，网友“黄霆钧的爷爷”在天涯社区发表了一篇帖子，他认为当前在各大论坛出现的一篇针对某艺人的批评性文章系“网络水军”所为。这名网友发现，这篇批评性文章的作者和一个名为“水军”的网络组织有关。他在帖子中介绍，所谓的“网络水军”，就是通过在网络上发帖、回帖来赚取费用。

早期的“网络水军”是在各大论坛“灌水”的个体，他们或是兼职或是全职，按照雇主的要求去各个论坛发帖、顶帖和回帖。于是一个个规模不等的网络推广公司渐渐成型：他们通过无

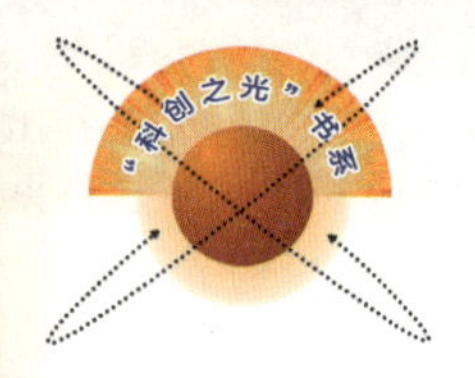

数人点击鼠标或手机，来增长数据，从而“引导着”互联网潮水的走向。而眼下，随着网络“民意”越来越影响舆论，这个群体也与时俱进地拓展了新的业务。

删帖业务 不仅仅是打广告、炒热点，第一时间删除的负面消息，如举报、投诉、吐槽等差评，也是“水军”的业务范围。“水军”声称：能删除对客户造成影响的帖子、搜索引擎结果、搜索引擎快照等。

制造僵尸粉 微博是互联网里最为活跃的社交平台之一，微博经济一直是近年来重要的网络经济形态。但据业内人士表示：“微博里面‘水军’其实是最多的，僵尸粉（指的是微博上的虚假粉丝）更多，而微博某些大号的水分至少超过 30%。”于是老“水军”们纷纷将主力从 BBS 挪到微博上，制造僵尸粉，买卖粉丝数，发广告，点赞……

刷量业务 一切涉及刷量的业务都是可以做的：刷阅读量、刷话题榜、刷分、刷单（交易量、好评）等。除个别公号的文章外，如果一篇文章转发 10 万 +，点赞超过 3 000 次，留言的数量却没有达到 30 条左右，基本上是有水分的。

APP 刷榜 在 App Store 的竞价排名模式尚未进入中国前，采用各种方式刷榜是 APP 曝光的重要途径。一方面有助于获取更多用户，另一方面可以拿漂亮数字给投资人看，投资人则拿着更漂亮的数字给下一轮投资人看。多方组成的利益共同体形成了一个组织化和分工明确的 APP 刷榜产业链。

非法网络公关及“网络水军”的危害不仅仅止步于营造用好看的数据吸引更多的用户关注虚假繁荣，从市场谋取利益，更无视法律和道德底线，败坏社会风气，破坏市场秩序。主要表现在以下几个方面：

（1）败坏商业竞争氛围，可能会使某个行业、民族品牌的声誉遭到严重侵害，在广大消费者中造成极度安全缺失感。

（2）在论坛、网站上发帖删差评、制造话题，为雇主企业产品吹嘘，极大破坏了诚信经营的大环境。

（3）集中发帖、转发微博、置顶帖文等恶意炒作，制造网络热点，严重误导广大网民的价值观和审美观。

（4）破坏社会诚信，让人们对网络信息难辨真伪，使网络信息可信度降低。

互联网为人们提供了更加便捷自由交流的广阔平台，但是如果这个平台毫无秩序甚至让真话淹没于底，最终每一个人都可能被它伤害。中华人民共和国最高人民法院、最高人民检察院于2013年9月联合出台司法解释，明确规定有偿删帖为非法经营罪。紧接着中共中央网络安全和信息化领导小组办公室等部委启动了“网络敲诈和有偿删帖”专项整治工作。

每一个互联网的参与者都应该提高道德意识及法律意识，在法律允许的范围内正确行使言论自由的权利，不要贪图小利成为扰乱网络世界秩序的帮凶。

网络造谣的产业链

“公交车、银行营业点、顺丰快递门店等成失联儿童守护点！”“年收入12万元以上是高收入群体，要加税！”“G20峰会期间杭州城区大部分加油站将被关闭！”“北京雾霾中检测出60余种耐药菌，抗生素对其无效，可致人死亡！”……这些曾经在2016年盛传一时的谣言（转发破万），尽管已被相继澄清，但对社会秩序造成的干扰、无不极大地造成社会混乱。这些网络造谣并非简单的无事生非，和朋友圈伪科学一样，内有乾坤。

为什么要网络造谣？随着网民欣赏口味“越来越重”，单纯“灌水”炒作不如制造轰动新闻。为了博取眼球、赚取粉丝，网络知名爆料人通过策划、制造一系列网络热点事件，使自己迅速成为网络名人。利用积累起来的影响力帮助企业营销或抹黑他人，把虚无缥缈的粉丝数变成真金白银。

由于网民在互联网上发言的自由性、互联网交流工具的

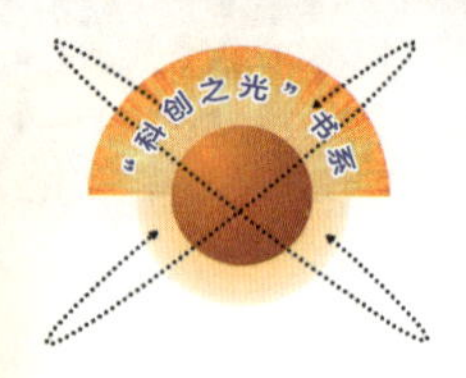

多样性，以及互联网虚拟空间与现实空间的巨大差异性，从而增强了互联网信息的模糊性，使网络谣言得以广泛传播；造成网络谣言难辨别，难追溯，难防控。防控网络谣言，必须综合治理。

加强主流文化建设 有学者认为，谣言与语言同时诞生。从这个意义上看，谣言是社会生活中不可避免的现象。然而，网络谣言虽然是一种文化现象，但其本质是腐朽的、低级的、破坏性的文化，而不是健康的、大众的、良性的文化。当主流文化比较占据优势的时候，谣言就会自我灭亡；当主流文化处于不均衡的状态时，谣言就会泛滥。加强主流文化建设，要倡导政府诚信行政，诚信开展公共服务；要求政府官员说实话，说真话。用正气压倒邪气，用实实在在的言行粉碎一个个的谣言。时间长了，造谣者没有市场，谣言也就没人相信。

提高政府公信力 及时发布政府及公共事务、突发事件信息，用正确的信息抵制谣言。当前，各地各部门在加强网站建设上动作很大，但在维护网站上跟进不平衡。尤其是以信息技术为支撑，以网络管理为平台，整合政府职能资源，形成及时发现问题、及时履行职能解决问题、及时回复问题的机制很不够。有的职能部门甚至对焦点问题、热点问题、敏感问题顺其自然，不处理不回复，漠视网民关怀，导致官方无声，谣言横流。因此，在政府大量公共管理事物、公务活动中，制度性地及时发布政务信息，及时回复网民问题，是防控谣言的重要手段。

北京地区网站联合辟谣平台
（http://py.qianlong.com/）

完善公民网络行为法律制度 网络的虚拟性及相关法律创立的滞后性，刺激了一些网络谣言的制造者、传播者的侥幸心理。网络谣言的制造者、传播者穿上马甲，就如入无人之境，肆意制造谎言，混淆视听，误导网民，祸害网络。在网络谣言被发展到网络“核武器”的时代，以保护公民言论自由的为前提，网络实名制可以最大限度减少利用互联网的各种违法犯罪行为，有效地减少网络造谣、网络诽谤；塑造和谐健康的网络环境，促进网民们文明上网、健康上网，对于保护青少年将起到重大作用。

加强互联网技术应用管理创新 自2015年起，北京、天津、河北等首批50个省市公安机关统一标识为“网警巡查执法”的微博、微信和百度贴吧账号集中上线。网警通过24小时巡查，及时发现网络上各种违法犯罪信息和有害信息，对情节轻微的网民进行教育警示，对涉嫌违法犯罪的依法追究相应法律责任。

诚然，网络的虚拟性增加了网络谣言防控的难度，也是防控、治理网络谣言的瓶颈所在。互联网技术领域要加快开发创新力度，建立网络谣言监测机制、筛选确认制度、破坏评估制度、调查处理制度、处理后反馈制度等，对网络谣言及时正本

网络违法犯罪举报网站
（www.cyberpolice.cn）

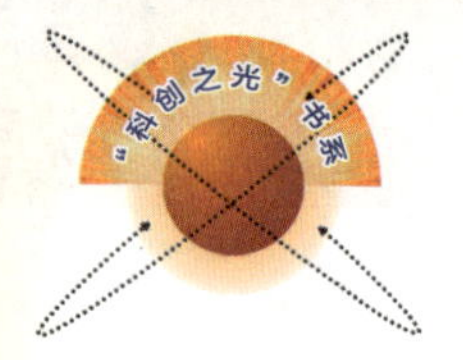

中国互联网违法和不良信息举报中心
（www.12377.cn）

清源，对网络谣言的发布者、传播者的处理及时公布于众，接受社会监督。

防范网络陷阱

在人们享受网络带来便利的同时，网络病毒入侵与网络诈骗事件频现，在这样的情况下，如何防范身边的网络陷阱，警惕各种网络病毒和骗局变得至关重要，同时也是人们安全使用网络的前提与基础。

防范网络病毒 如今，互联网成为人们生活中不可或缺的一部分，随之而来的还有一些恶性病毒，它们肆意地破坏着计算机的安全系统。网络病毒作为一种破坏性程序在计算机里传播，其具有自我复制能力、很强的感染性，一定的潜伏性，特定的触发性和很大的破坏性。其破坏结果轻则导致软件崩溃，重则导致系统瘫痪，使长期工作的数据破坏和丢失，严重影响了人们的生活、学习、工作。因此网络病毒的防范成为人们关注的核心问题，需要通过以下等方式对计算机进行防护：

（1）安装杀毒软件，提升防火墙。防火墙——计算机中的第一道防线，通过网络上的数据对计算机进行监控，严格防护着计算机的各个通道，并安装相兼容的杀毒软件，对潜在的病毒进行查杀，杀毒软件和防火墙能够有效地为系统建立第一道防线。

（2）修补系统漏洞。网络病毒可谓是无孔不入，能够通过系统中的漏洞进行系统，从而影响计算机的正常使用。因此，在使用过程中必须及时安装系统补丁，修复漏洞，以杜绝病毒的侵入。

（3）对文档进行加密。网络病毒通常需要进入系统后才能对系统文件进行执行调用，我们可以对一些重要的文件添加密码，从而防止他人的盗用，对病毒进行又一重的防范。

（4）加强局域网的安全防护。在学习、工作中，尽量减少资源共享，当避无可避时，可采用为共享文件设置防护密码，保护局域网的资料不被他人盗取；将文件设置为只读模式，可降低网络病毒被写入电脑的概率。例如将路由器所释放的热点设置密码，将自己的个人资料设为保密状态。

警惕网络诈骗　互联网普及率的提升无形中成为网络诈骗的导火线，在虚拟的网络空间里，违法分子通过虚拟的身份、非法的手段获取用户隐私信息，从而骗取用户的钱财。根据公开信息统计：2011 年至今，已有 11.27 亿用户隐私信息被泄露，包括基本信息、设备信息、账户信息、隐私信息、社会关系信息和网络行为信息等。国家正在积极打击犯罪，推进保护个人信息安全立法进程的同时，个人也要提高信息保护的意识，警惕网络诈骗的发生。

网络诈骗的种类繁多，违法分子针对不同的人群“量身打造”骗术，以提高得手的概率，其次由于诈骗单笔金额较小，未

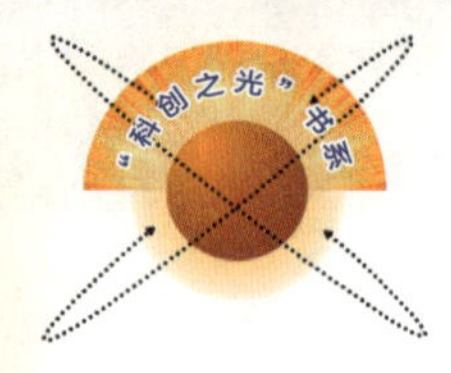

达到立案金额，再者网络诈骗以虚拟空间为工具，导致涉案地域广泛，甚至跨省跨境，难以取证等。由于种种现实原因，打击网络诈骗面临难以跨越的沟渠，必须通过多方努力，共同加强网络诈骗的防范手段：

（1）建立健全网络法律法规，加强打击网络诈骗力度。目前我国关于网络诈骗案件的立案标准以及具体的实施程序，法律没有相关的规定，应建立适应网络诈骗的相关法律法规，从而严厉打击网络诈骗行为。

（2）加强网民安全意识，通过对网络诈骗的行为方法、社会危害等的宣传，提高网民对网络诈骗的警惕度，提升上网切勿触法网的自觉性。

（3）增强公安机关网络空间执法能力，深入推进网络诈骗监测和预警工作。信息安全等级保护工作和网络安全监测、通报预警工作。

共建美好的互联世界

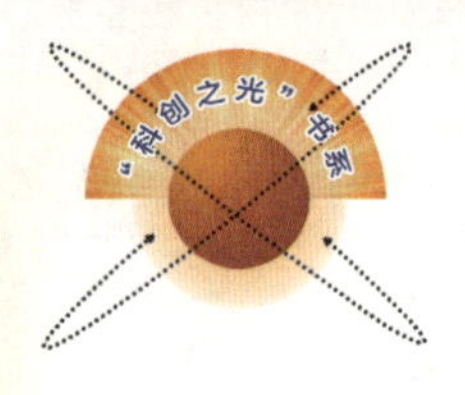

未来是什么样的？我们能否跨越时间的羁绊，预见未来的世界？不妨回顾一下《科学美国人》1991 年秋季特刊。这期关于未来通信、计算机和网络的特刊，探讨了未来人类如何在网络空间工作、娱乐及发展。人们惊讶地发现，当年的预见在今天几乎全部实现了：基于信息技术的互联网改变了传统的社会生活方式，改变了我们的衣食住行，与我们的生活息息相关。然而对于互联的未来世界，我们需要在除了技术层面之外，加强人、环境、社会等多层面的协同及管理，才能共建美好的未来世界。

共建美好的未来世界

自由互联，从无线到无限

互联网的普及、科技的发展，每一次科技的进步都给人类带来全新的体验，而承载科技进步的桥梁则是飞速发展的无线网络。随着4G网络的规模部署，移动互联网、无线物联网等互联网技术逐渐渗透到人类生活的各个场景。与此同时，5G关键技术的研究也随之迅速提上日程，为世界的“自由互联”创造出无限可能。

移动互联网，就是将移动通信和互联网两者有机结合，是互联网的技术、平台、商业模式和应用与移动通信技术融合并实践的活动的总称。移动互联网技术，以自由互联的特点，为未来的互联网带来充分的想象空间，不仅仅拓展了互联网的网络接入方式、网络应用、网络安全等，更改变了社会生活的空间轴、时间轴和思想维度。

无线物联网技术是互联网技术的自然延伸和扩展。它是将无处不在的末端设备和设施，包括具备“内在智能”的传感器、移动终端、工业系统、数控系统、家庭智能设施、视频监控系统等，以及“外在使能”的诸如带有电子标签（Radio Frequency Identification, RFID）的设备、无线终端等，通过各种网络实现互联互通、应用集成，实现对万物“高效、节能、安全、环保”的“管、控、营”一体化，实现未来网络世界的自由互联，从无线走向无限。

从1G到5G，一代比一代快

移动通信技术是移动互联网的核心技术之一，发展至今，经历了从1G时代到5G时代的不断升级，每一代通信技术都比上一代更快，支撑更多的互联网应用。

1986年，第一套移动通讯系统在美国芝加哥诞生，采用模拟讯号传输，在无线传输采用模拟式的FM调制，将介于300～3 400 Hz的语音转换到高频的载波频率上。国内的第一代通信技术在1987年的广东第六届全运会上正式启用。

第一代移动通信系统（1G）在国内刚刚建立的时候，很多人手中拿的还是大块头的手机，俗称“大哥大”。第一代移动通信

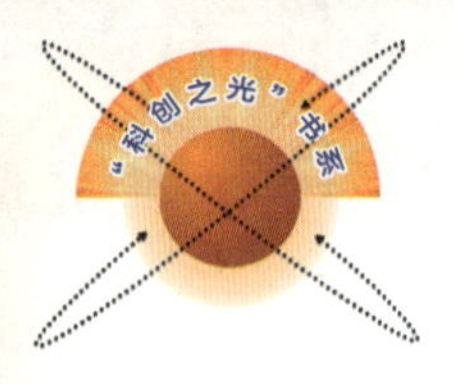

移动通信终端的发展

系统只能应用在一般语音传输上，且语音品质低、讯号不稳定、涵盖范围也不够全面，还经常出现串号、盗号等现象，1999 年第一代移动通信系统正式关闭，1G 时代落下了帷幕。

随着新的通讯技术成熟，中国在 1995 年进入了第二代移动通信（2G）时代。从 1G 跨入 2G 是从模拟调制进入到数字调制，相较而言，第二代移动通信具备高度的保密性，系统的容量也在增加，2G 声音的品质较佳，比 1G 多了数据传输的服务，手机可以上网了，尽管在那个时代，数据传输速度只有每秒 9.6～14.4 kbit。2G 时代也是移动通信标准争夺的开始，全球移动通讯系统（GSM）脱颖而出成为最广泛采用的移动通信制式。

人们对移动网络的需求不断加大，第三代移动通信网络（3G）必须在新的频谱上制定出新的标准，享用更高的数据传输速率。3G 服务能够同时传送声音及数据信息，下行速度峰值理论可达 3.6 Mbit/s，上行速度峰值也可达 384 kbit/s。有了高频宽和稳定的传输，影像电话和大量数据的传送更为普遍，移动通讯有更多样化的应用，因此 3G 被视为是开启移动通讯新纪元的关键。

为适应移动数据、移动计算及移动多媒体等需求的发展，第四代移动通信（4G）开始兴起，4G 是集 3G 与 WLAN 于一体，能够传输高质量视频图像，是实现图像传输质量与高清晰度电视不相上下的技术产品，理论上能达到 100Mbps 的下载速度，上传的速度也能达到 20Mbps，几乎能够满足所有用户对于无线服务的要求。2013 年 12 月，工信部在其官网上宣布向中国移动、中国电信、中国联通颁发“LTE/ 第四代数字蜂窝移动通信业务（TD-LTE）”经营许可，也就是 4G 牌照。如今 4G 信号覆盖已非常广泛，支持 TD-LTE、FDD-LTE 的手机、Pad 产品等，成为目前的移动通信主流。

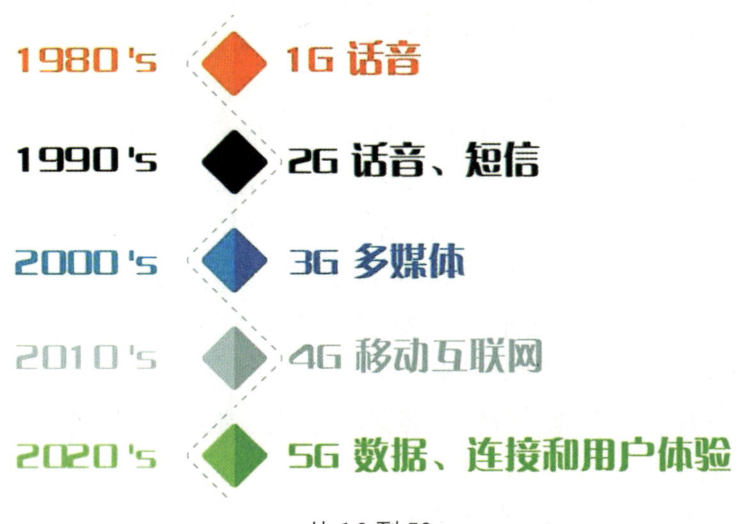

从 1G 到 5G

随着物联网、移动互联网技术的发展，第五代移动通信（5G）技术是当前研究领域的热点，5G 具有低时延、高可靠、低功耗的特点。它不仅仅是单一的无线接入技术，而是多种新型无线接入技术和现有无线接入技术（4G 后向演进技术）集成后的解决方案总称。国际电联将 5G 应用场景划分为移动互联网和物联网两大类。可以预测，随着物联网带来的庞大终端接入、数据流量需求，以及种类繁多的应用体验提升需求推动了 5G 的研究。5G 的诞生，为提升人类互联网生活提供了实现的平台，就好比拥有一套精致的厨房设备，要做出“美味的料理”还需要人类的不断创新与探索。

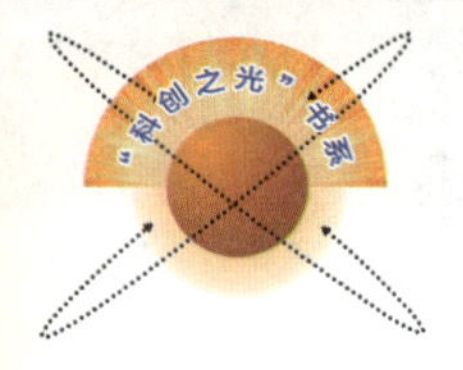

终将发生在身边的“黑科技”

随着互联网普及率的不断提升以及移动互联网等技术的快速发展，互联网应用的发展趋势也在不断发生转变，互联网发展重心从“广泛”转向“深入”，网络应用对大众生活的改变从点到面，互联网对网民生活全方位渗透程度进一步增加，新一代的“黑科技”将不断地应用到我们身边的方方面面。

VR（Virtual Reality，虚拟现实）和 AR（Augmented Realit，增强现实）是人机交互新时代的标志，提供给人类一个崭新的、自然的用户界面，人类可以通过视觉、听觉、触觉等感官等同物理世界一致的方式，与数据和内容交互。试想一下，记住驱动器中不同文件的位置有多么的困难，相比之下，说一句“请把上周的会议文档给我看下”，然后文档就会出现，这又是多么的简单；建筑行业借助 VR 技术，能够让开发商在建好房子之前就让客户感受房型装修，进而促成交易。这些变化促使人类建构一些新的应用程序，这些应用程序能够发挥人类大脑工作的优势，连接数

VR 与 AR

字和物理世界。作为当前及未来最能影响人类的技术之一，VR/AR 将改变人类的工作、生活和娱乐方式。

无人驾驶是最令人期待的“黑科技”之一，红灯需要停车、左转弯时注意行人与后方汽车、前方汽车急停需要迅速踩刹车……诸如此类复杂且参考因素众多的驾驶问题，只有人类才能妥善解决。然而无人驾驶技术将利用传感器、雷达、摄像机、激光测距仪等，结合精确的卫星定位及快速的路面信息交汇和反馈的支持等，实现对汽车的自动驾驶和控制，从而解放司机的双手。也许有一天，无人驾驶的汽车将会成为交通网络中靓丽的风景之一。

互联网 + 时代的光芒才刚刚燃起，更多技术的研发和应用，也刚刚踏出几小步，更多新的技术的研究，才能让互联网的天穹中不只有孤星闪耀，而是迎来一片灿烂星空，也只有在互联网技术高度发达健全成熟之后，人们期许的美好自由互联、从无线到无限可能的互联网 + 时代，才能真正到来。

打造同心圆，共建美好精神家园

2016 年 4 月 19 日，习近平总书记在网络安全和信息化工作座谈会上强调指出：“网络空间是亿万民众共同的精神家园。网络空间天朗气清、生态良好，符合人民利益。网络空间乌烟瘴气、生态恶化，不符合人民利益，我们要本着对社会负责、对人民负责的态度，依法加强网络空间治理。”因此，政府有责任担当，媒体有专业操守，企业恪守社会责任，网民加强互联网素养，网络空间的乌烟瘴气才会越来越少，才能营造互联网良好生态环境，打造互联网“同心圆”，构建未来世界的网络空间命运共同体。

互联网 + 时代的机遇与责任

互联网+时代催生了“人人都有麦克风”的崭新社会生态，

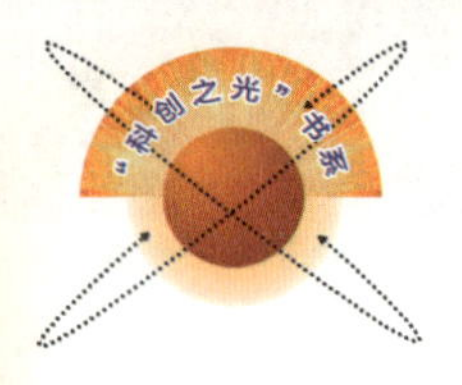

是社会的进步。但毋庸讳言，也出现了网上网下的极大反差，许多人一到网上，就丢掉了现实世界的法规和道德圭臬，污染网络环境、扰乱意识形态、败坏社会文明风气。从“不请自来”的垃圾邮件到充斥屏幕的网络谣言，网络病毒、网络犯罪分子和网络黑客无时无刻不对网络空间进行攻击，如果任其态势愈演愈烈地蔓延，这无疑是将互联网生态陷入灾难漩涡。

曾经的黑客只是攻击个人计算机盗取信息，现在攻击已经大幅度扩散到现实生活中的各个领域，例如金融证券、零售业甚至政府机构。互联网已经形成一个新的社会，这个社会中，“网络社会”的信任、稳定和安全已成为其发展过程中的重中之重。在这个虚拟的社会中，音乐家与想要免费听歌的听众、人们寻求隐私与试图监控的政府、计算机黑客与受害者等，无不成为各种不同利益诉求者相互角力、不断博弈的重点。

中国互联网发展至今已取得了令世界瞩目的成就，然而，面对海量的互联网信息，如何保障健康的网络生活、如何维护网络的空间秩序，是目前面临的一个现实问题。为了保障网络安全，维护网络空间主权和国家安全，保护公民、企业的合法权益，2017 年 6 月，中国首部网络安全的专门性综合性立法《网络安全法》正式实施。这一举措意味着中国对网络安全的重视和保护已经上升至前所未有的高度，互联网不再是“法外之

互联网不是法外之地

地”。未来，国家将不断建立健全网络与信息安全法律法规制度，构建新型网络与信息安全治理体系，积极营造清朗的网络生态环境。

网络空间是亿万民众共同的精神家园，维护网络空间安全也应从你我做起，作为漫游在互联网中的一分子，我们有义务携手共进，弘扬网络正能量。互联网企业要增强社会责任意识，提高企业自律，发展健康的企业文化，加强网络空间内容建设，为网民提供一个健康绿色的网络环境，更好地服务社会；网民应不断提升增强正确认知和应用互联网的能力与水平，形成崇德向善的网络行为规范，筑牢网络空间行为规范底线，争做中国好网民，成为构建清朗网络空间的有力载体。

弘扬网络正能量

青年网民更应充分发挥生力军作用。创造是青春的标志，创新是青年的灵魂。当前互联网正处于融合创新和颠覆性创新发展的新时代。青年人更应积极发挥聪明才慧，在大潮中勇于做先锋，不断探索网络新技术、新模式、新应用，为互联网时代不断开创新领域，引领互联网走向更加繁荣的未来。

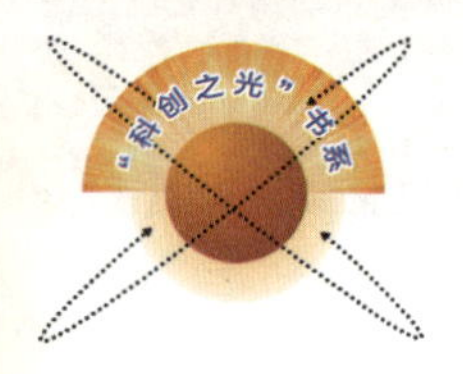

全球共同的网络空间

互联网是全人类共同的福祉，是人类文明的重要组成部分，极大推动了人类社会发展、推动了文明成果由全人类共享。正是因为全世界人民的广泛参与，互联网才能多姿多彩。从技术结构上讲，互联网的价值在于互联互通：连接产生价值，节点越多，网络结构越稳定。从信息来源看，用户贡献内容成为网络信息的重要来源，网民参与保证了网络信息的丰富性和多样性。互联网的价值由全球网民共同创造，互联网带来的红利理应由全人类共享。此外，每一种社会生产方式都会历史性地生产出属于自己的社会空间，网络空间是人类生活的新领域。科技史学家指出，互联网的发明与运用对人类文明发展的价值已经全面超越了蒸汽机革命、电气革命，因为互联网为人类社会开启了一个全新的生活空间——网络空间。

同心打造网络空间命运共同体

网络空间存在网络主权。网络空间并不是独立于现实社会的虚拟空间，而是拓展了人类活动的范围、改变了人类生产和生活方式。互联网没有边界，但网络基础设施、网民、网络公司等实体都是有国籍的。随着互联网的发展，网络空间承载着一国经济、政治、文化、社会及安全发展的诸多现实利益，理应受到所在国的管辖，不可避免地成为国家主权的延伸。同时，网络空间既是人类的共同家园，又是新的战略空间。互联网促进了信息流通和资源共享，使世界真正变成了地球村，国际社会越来越成为你中有我、我中有你的命运共同体。此外，互联网成为一种重要的战略资源，网络空间成为继陆、海、空、天之后的新战略空间。

放眼世界，各国都在大力加强网络空间安全建设和顶层设计。2017 年 1 月，以色列智库国家安全研究所（Institute for National Security Studies, INSS）创刊《网络、情报与安全》（Cyber, Intelligence, and Security）杂志，致力于深度探讨网络与情报议题，为以色列国家网络安全建设建言献策。2017 年 3 月，英国正式出台《英国数字化战略（UK Digital Strategy）》，目标是建立具备物理与虚拟安全保障的网络空间，让英国提供全球最为安全的在线生活与工作环境。2017 年 5 月 11 日，美国政府颁布《增强联邦政府网络与关键性基础设施网络安全》。中国的《网络空间国际合作战略》以和平发展、合作共赢为主题，以构建网络空间命运共同体为目标，就推动网络空间国际交流合作首次全面系统提出中国主张，为破解全球网络空间治理难题贡献中国方案，是指导中国参与网络空间国际交流与合作的战略性文件。

互联网是人类的共同家园，中国期盼国际社会戮力同心、相向而行、同舟共济，携手共建网络空间命运共同体，加强沟通交流，开展国际合作，创新驱动发展，促进全球网络基础设施互联互通，促进网络文化交流互鉴，促进数字经济开放发展，促进网络空间和平发展，促进全球互联网治理体系更加公正合理，推动网络空间互联互通、共享共治，更好地造福全世界，开创人类发

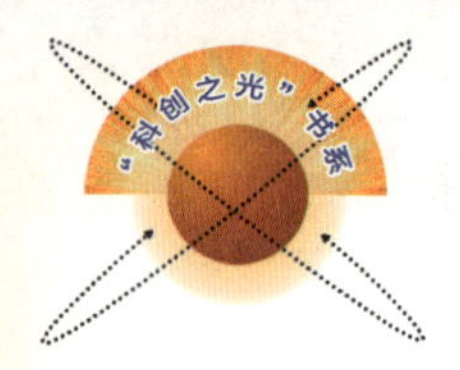

展新未来。

作为世界互联网大会永久会议举办地——中国乌镇，正上演着互联网时代的“蝶变之路”。世界互联网大会又被称为“乌镇峰会”，历经两年的积淀，一年一度的“乌镇峰会”已经成为全球互联网界的盛事。从第一届的“互联互通·共享共治”，到第二届的“互联互通·共享共治——共建网络空间命运共同体”，以及第三届的“创新驱动·造福人类——携手共建网络空间命运共同体”，中国正以“开放合作”的理念，推动者全球互联网的发展，承担一个大国应有的智慧与担当。

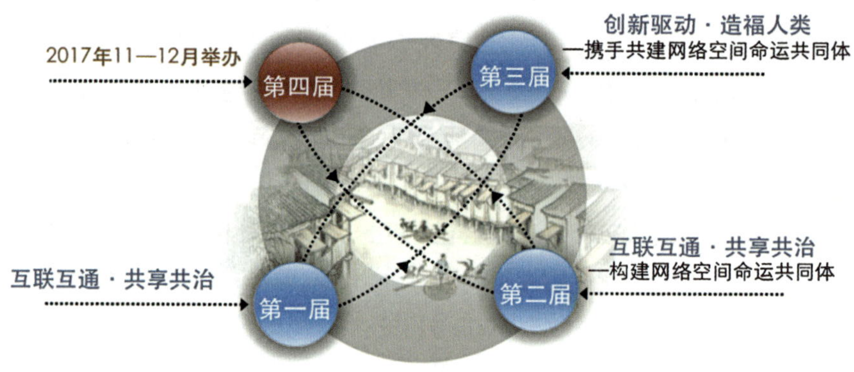

世界互联网大会

未来，已经到来

随着物联网、云计算、大数据、人工智能等技术的发展，未来，互联网将从基础设施的不断完善、技术应用的持续创新、网络空间的天朗气清，变得愈发智能。智能的互联网能够更广泛地连接万物，更自主地捕捉信息，更智慧地分析信息，更精准地进行判断，更主动地提供服务，人们能够大胆构想和实现那些过去不敢想象的生活场景。

一个未来智能出行的场景，坐上共享无人汽车，道路上的交通指示牌对于每一个人都是定制化的，最快速度抵达目的地，通过刷眼，支付你的乘车费用，下车之后，这辆车被安排接其他乘客。在这样的一个交通智能体系中，人类再也不需要把时间浪费在开车、加油、停车、排队上，城市也会变得安静，行人走路很安全，以前的停车场将会变成公园。对整个社会来说，效率提升的同时汽车尾气排放也将大大降低，这无疑是由移动通信网络、大数据分析和智能感应来共同形成与改造的交通体系和福利促进。

未来智能出行场景

未来的无人驾驶

一个未来智能医疗的场景，你在工作几小时后，突然感到发烧、头晕，沿着大厅走到公司的现场数字化医疗站，通过电话或视频实时咨询医生。医生可以获取你的体温、脉搏、血压等生命体征数值，如有需要，还会给最近的药店发送处方；医疗用的万能纳米机器人，通过无线信号受电脑的控制，当诊断

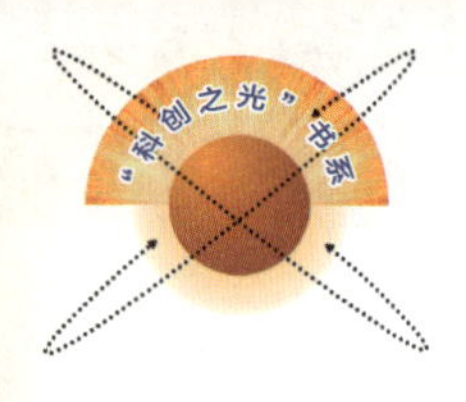

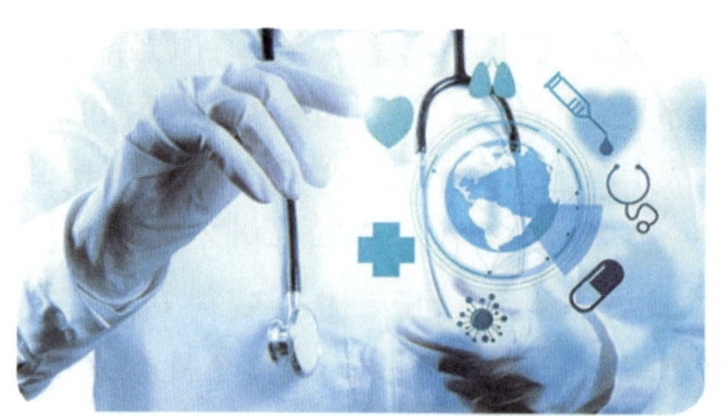

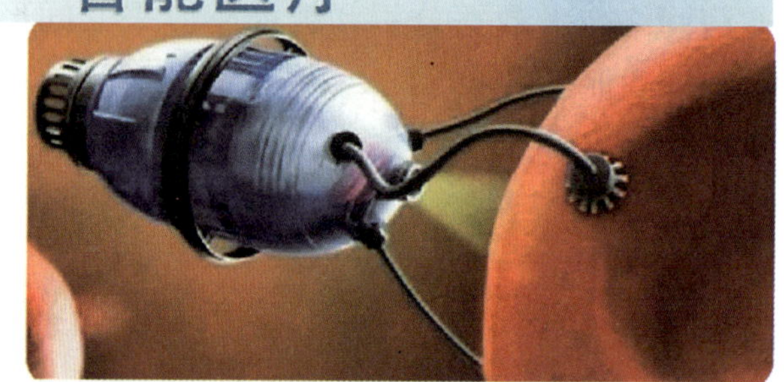

未来的医疗场景

出人体中的病灶之后，可通过口服进入人体内，经由血液循环系统直达病灶，通过直接杀死致病的细菌、病毒、癌细胞达到治愈疾病的目的，这几乎是没有任何副作用的物理疗法。纳米机器人或还可以纠正人体内发育异常的组织，让人体恢复到正常的状态。

一个未来信息交互的场景，无论你身处何地，在家、在路上还是在公司、商场，身边的任何物质能可以变成你获取信息的屏幕，不管是桌面、汽车表面，甚至人的皮肤表面，都可以变成阅读屏幕。平板电脑能够卷成一小卷，轻松地塞进小包里；坐进汽车，一发动，挡风玻璃上显示出 GPS 和仪表盘；商务洽谈前不是交换名片，而是交换商务信息交互界面，上面的信息是流动的、界面能够放大缩小，随地可以开展业务上的交流讨论、传递信息。当我们在这些屏幕上获取信息的时候，你可能同时使用两个、三个屏幕甚至更多，而各个屏幕又组合成一个生态系统。

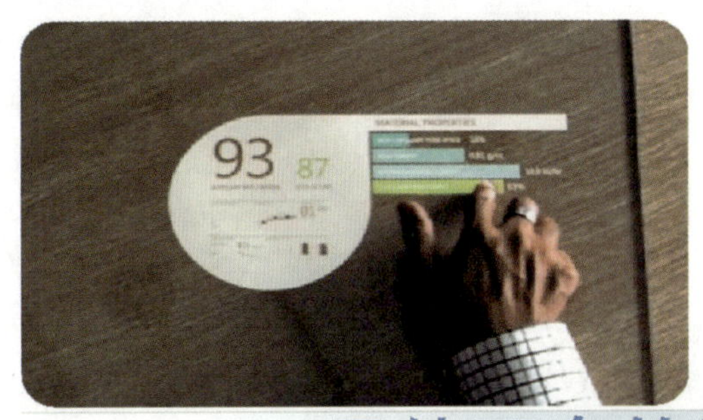

无处不在的屏幕

未来屏幕无处不在

随着互联网技术创新、社会应用及产业发展高歌猛进，曾经只在科幻电影中出现的情节，开始出现并逐渐融入到人类生活中，更快速、更高效、更智能、更安全的互联网，成为人们工作和日常生活的一部分。

在这些未来的互联网应用场景的背后，是诸多的后台互联网技术的支撑。人工智能、虚拟现实、增强现实、大数据、云计算、量子通信、区块链、基因技术、自动驾驶……成为当前全球科技和经济发展的新驱动力。技术持续在发展、应用不断在创新、产业一直在升级，在大规模应用和产业化的背后，是社会需求、产业环境、国际政策、经济成本等诸多因素综合的结果，让我们放眼未来，共同期待美好的互联世界。

未来已经到来，只是尚未流行。

（因寻找未果，请本书中相关图片的著作权人见此信息与我们联系，电话 021-66613542）

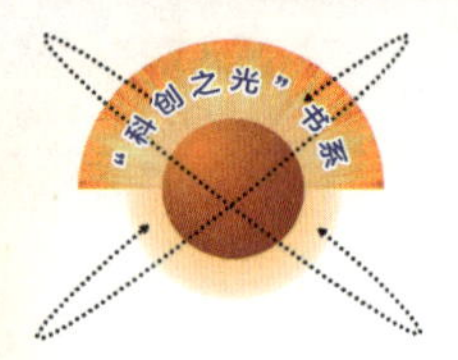

参 考 文 献

[1] 中国互联网络信息中心 . 中国互联网络发展状况统计报告 [R], 2017.

[2] 中央电视台大型纪录片《互联网时代》主创团队 . 互联网时代 [M]. 北京联合出版公司, 2015.

[3] 中国互联网扬帆起航 [EB/OL]. 互联网域名系统北京市工程研究中心有限公司, 2014.

[4] Vivint：互联网完整发展历史一览——信息图 [EB/OL]. 中文互联网数据咨询中心 (199IT), 2015.

[5] 水木然 . 中国互联网正超越美国，称霸世界 [EB/OL]. 中国经营网, 2016.

[6] 曹磊，陈灿，郭勤贵 . 互联网 + 跨界融合 [M/OL]. 北京：机械工业出版社, 2015.

[7] 杨吉 . 互联网：一部概念史 [M/OL]. 北京：清华大学出版社, 2016.

[8] 殷晓蓉 . 阿帕对于因特网的贡献及其内在意义 [J]. 现代传播, 2002.

[9] 胡启恒，杨玉珍 . 从羊肠小道走出来的中国互联网 [J]. 纵横, 2014 (11).

[10] 黄润霖 . 互联网经济的“长尾效应”在哪儿？[J]. 销售与市场 (渠道版), 2016 (2).

[11] 谢丽容 . 一元 CN 域名零门槛 域名“白菜价”谁受益 [J]. 互联网天地, 2007.

[12] 禹桢 . 中国互联网国家域名治理研究 [D]. 北京邮电大学, 2012.

[13] 李江 . 中国互联网早期发展中互联网创新能力的溯源与探究 [D]. 浙江传媒学院, 2015.

[14] 谢佩洪，成立 . 中国 PC 网络游戏行业商业模式创新的演化研究 [J]. 科研管理, 2016.

[15] 闫月珏 . 网络广告的经济传播价值探究 [J]. 商场现代化, 2015.

[16] 帆影 . 社群经济到底是一种什么经济 [J]. 互联网周刊, 2016.

[17] 胡启恒，方兴东，薛芳 . 中国互联网口述历史 1994-4-20: 中国接入互联网 [J]. 汕头大学学报, 2016.

［18］姜奇平．“互联网 +”与中国经济的未来形态［J］．人民论坛·学术前沿，2015.

［19］陈文玲，刘秉镰，刘维林．新经济爆发性增长的内在动因——互联网革命与传统业态变革［J］．全球化，2016.

［20］王旭．互联网发展史［J］．个人电脑，2007.

［21］陈建功，李晓东．中国互联网发展的历史阶段划分［J］．互联网天地，2014.

［22］程慧．移动互联网的秘密［M/OL］．北京邮电大学出版社有限公司，2015.

［23］卢希鹏．随经济：共享经济之后的全新战略思维［J/OL］．人民论坛·学术前沿，2015.

［24］刘炽．TCP/IP 协议栈原理及其在 ARM 上的具体实现［D］．湖南大学，2004.

［25］贺凯强．“互联网 +”背景下中学生学习方式的转变［J］．融合创新，2016.

［26］张岩．“互联网 + 教育”理念及模式探析［J］．中国高教研究，2016.

［27］解继丽．“互联网 +”引领教育改革新趋势［J］．楚雄师范学院学报，2015.

［28］花燕锋．MOOCs 环境下个性化学习的设计研究［D］．吉林大学，2015.

［29］王绘娟．论“互联网 + 教育”背景下高校教学模式的改革［J］．当代教育实践与教学研究，2016.

［30］李珍，李世祥．论“互联网 + 教育”时代高校教师之变［J］．科教文汇，2015.

［31］刘云生．论“互联网 +”下的教育大变革［J］．教育发展研究，2015.

［32］颜正恕，徐济惠．线上线下一体化“互联网 +”个性化教学模式研究［J］．中国职业技术教育，2016.

［33］胡海涛．Folksonomy 在网络学习资源管理中的应用研究［D］．山东师范大学，2008.

［34］吴旻瑜，刘欢，任友群．“互联网 +”校园：高校智慧校园建设的新阶段［J］．远程教育，2015（4）.

［35］邢莲文，周怡，夏庆月．扬大：“互联网 + 学生平台”开启新模式大学生活［EB/OL］．江苏教育新闻网，2015.

［36］皎轩．上海交大多项创新教育技术成果亮相教博会［EB/OL］．上海

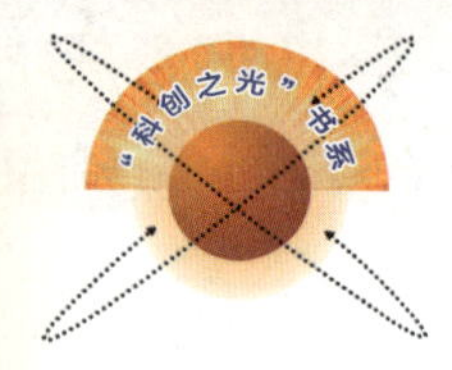

教育新闻网，2015.
[37] 教育部确定 2016 年度增补专业 13 个电子竞技赫然在列［EB/OL］. 腾讯游戏，2016.
[38] 范史华，徐瑞廷，阮芳 . 互联网时代的就业重构：互联网对中国社会就业影响的三大趋势［EB/OL］. 波士顿咨询公司，2015.
[39] 聚美优品陈欧青春创业励志故事［EB/OL］. 创业青年网，2015.
[40] 市政府办公室 . 市人民政府关于推进大众创业万众创新的意见［EB/OL］. 中国安陆市人民政府网，2016.
[41] 郜婕 . “互联网＋农业” 成就 “80 后” 回乡创业梦［EB/OL］. 经济参考报，2015.
[42] 互联网沙龙 . 互联网 + 生活，技术红利惠及老年人［EB/OL］. 搜狐公众平台，2016.
[43] 李璐昆 . “互联网 + 养老” 应用探索与实践［J］. 通信管理与技术，2016.
[44] 黄景旺 . 浅谈 “互联网 +” 养老模式的发展［J］. 当代经济，2016.
[45] 张力平 . 智慧养老渐成趋势［J］. 电信快报，2016.
[46] 陈瑜艳，李晓钰 . 浙江乌镇开创 “线上 + 线下” 的智慧居家养老新模式［EB/OL］. 央广网，2015.
[47] 朱勇 . 智能养老蓝皮书［M］. 社会科学文献出版社，2015.
[48] 蔡若愚 . 衣食住行中的衣食住行中的 “互联网 +”［EB/OL］. 中国经济导报版，2015.
[49] FashionLiMou. “易起撸 · 上海站” 落幕［EB/OL］. 搜狐公众平台，2016.
[50] “互联网 +” 衣食住行都能分享［N/OL］. 消费日报，2015.
[51] 凯瑟琳 . 定制服装网络营销模式探讨［M］. 北京服装学院，2015.
[52] 艾媒咨询 . 2016Q3 中国在线餐饮外卖市场专题研究报告［R］. 艾媒网，2016.
[53] 丸子 . 2016 年餐饮 O2O 整体渗透率趋势［R/OL］. 中文互联网数据咨询中心（199IT），2016.
[54] 食讯 . “干柴遇烈火” ——互联网 & 餐饮外卖才是最大的赢家［EB/OL］. 百度百家，2016.
[55] 孙云龙 . “互联网 +” 为食品安全监管加把劲［N/OL］. 广州日报，2015.
[56] 王亦 . 二维码食品追溯 “互联网＋食品” 背后的 “马太效应”［J］.

中国食品报，2015.
[57] 高小平 . 中国智能家居现状及发展趋势 [J] . 低压电器，2005.
[58] 朱敏玲，李宁 . 智能家居发展现状及未来浅析 [J] . 电视技术，2015.
[59] 冯宋平 . 智能家居：从智慧节能到接管生活 [J] . 上海信息化，2017.
[60] 杨少华，张蕓，赵晓波 . “互联网 +” 背景下智能电网及智能家居融合研究 [J] . 电力信息与通信技术，2016.
[61] 李立 . “互联网 +” 家装行业的完美逆袭 [J] . 上海信息化，2016.
[62] 易观 . 家装 O2O 报告：2016 互联网家装或已进入洗牌期 [EB/OL] . 比特网，2016.
[63] 岩石 V. 2016 中国移动出行叫车软件溢价分析报告 [R] . 艾媒咨询，2016.
[64] 中国网 . 上海欢乐谷打造智慧景区不能用一部手机玩透的景区将不再成为游客首选 [EB/OL] . 中国网，2016.
[65] 汪侠，甄峰，吴小根 . 基于游客视角的智慧景区评价体系及实证分析——以南京夫子庙秦淮风光带为例 [J] . 地理科学进展，2015.
[66] GW. 新浪旅游扶持旅游自媒体打造旅游自媒体生态 [EB/OL] . 比特网，2015.
[67] 港网整理 . 旅游一站式服务是趋势也是时尚 [EB/OL] . 港网科技，2017.
[68] 李姗 . 关于 “互联网 +” 音乐的思考与探索——基于音乐视角的考察 [J] . 北京联合大学学报，2016.
[69] 阿里研究院. 互联网 + 从 IT 到 DT [M]. 北京：机械工业出版社，2015.
[70] 陈静 . 互联网 + 政务” 打通公共服务瓶颈 [J/OL] . 经济日报，2016.
[71] 佚名 . 腾讯优图人脸识别技术开放，刷脸时代来了！ [EB/OL] . 比特网，2015.
[72] 朱劲松 . 互联网 + 医疗模式：内涵与系统架构 [J] . 中国医院管理，2016.
[73] 黎昌政 . 网上社交能力超强的 “群主” 遭遇现实社交障碍 [N/OL] . 新华网，2012.
[74] 界面 . 是什么让社交网络陷入了群体性孤独？ [EB/OL] . 搜狐公众平台，2015.
[75] 郑文彬 . 网游沉迷的心理成因及其对教学活动的启示 [J] . 教书育人，2009（6）.

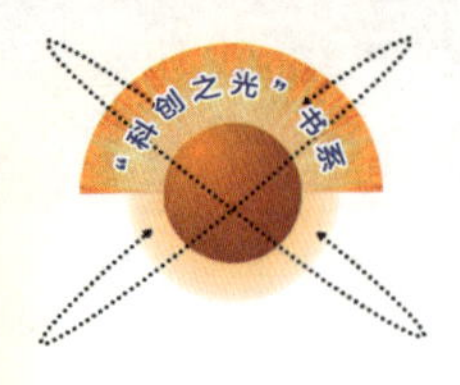

[76] 张计友，白根海，陈海明．营造健康良性的网络舆论生态［J］．青年记者，2012.
[77] 郭慧．如何防控网络谣言？［N/OL］．人民网，2011.
[78] 邹伟．中国公安机关侦破网络黑客犯罪案件400余起［N/OL］．新华网，2015.
[79] 申俊涵．信息泄露频发：网络安全投资机会何在？［N/OL］，21世纪经济报道网络版，2017.
[80] 王永娟．约七成中国网友每周网购一次远超欧美，百度学术［J］．商场现代化，2012.
[81] 赵彦．网购成瘾可能伴随抑郁［N/OL］．扬子晚报，2016.
[82] 伪科学让"朋友圈"很受伤［N/OL］．人民日报，2015.
[83] 全国政协十一届四次会议提案第0169号［EB/OL］．中国政协网．
[84] 冯一伦．互联网时代青年的机遇与责任——秦宜智出席互联网青年论坛并致开幕辞［N/OL］．浙江日报，2016.
[85] 许哲．共建人类命运的"巴别塔"——有感于习总书记的"网络空间命运共同体"号召［J］．人民论坛，2016.
[86] 鲁传颖．网络空间国际规则体系与中美新型大国关系［J］．中国信息安全，2016.
[87] 张晓君，孙南翔．走向命运共同体：网络空间治理的中国方案［J］．人民论坛，2016.
[88] 黄志雄．网络空间全球治理的中国担当［N/OL］．光明日报，2017.
[89] 支振锋．网络空间命运共同体的全球愿景与中国担当［EB/OL］．光明日报，2016.